Lib 41/4389

ESSAIS
SUR
LES CAUSES
ET
LES EFFETS
DE LA RÉVOLUTION.

PRIX CINQ LIVRES.

A PARIS,

DE l'Imprimerie de QUILLAU, rue du Fouare, Numéro 2, Section du Panthéon-Français.

ET SE VEND,

Chez { DESSENNE, Libraire, au Palais Égalité; MAREST, Libraire, Palais Égalité, Cour des Fontaines.

DU 20 PRAIRIAL AN III DE LA RÉPUBLIQUE.

ESSAIS

SUR

LES CAUSES ET LES EFFETS DE LA RÉVOLUTION.

Rapport du gouvernement anglais avec la révolution française.

La révolution commence, enfin, à prendre une phyſionomie qu'elle n'auroit jamais dû perdre ; & nous voyons fuir le règne des anarchiſtes & des buveurs de ſang humain. Cependant, juſqu'à l'organiſation d'un gouvernement définitif & reſponſable, il n'eſt pas de citoyen, qui la nuit, lorſqu'il poſe ſa tête ſur ſon oreiller, puiſſe ſe promettre un reveil tranquille. Il n'eſt pas de citoyen qui ne doive trembler, tout autant que les mêmes hommes qui votent la loi au sein de l'assemblée nationale, exécuteront cette même loi du fond des comités. Leur renouvellement par quart, tous les mois, garantit, il est vrai, la convention de leur despotisme; mais la société cherche inutilement une sauve-garde dans cette mesure: elle ne peut invoquer aucune responsabilité.

N'est-il pas temps d'arrêter ce char révolutionnaire, qui roulant depuis cinq ans sur l'horizon de la France, a marqué sa course par l'incendie, la dévastation, la ruine du commerce, la guerre civile, l'assassinat & la famine? Si la philosophie sembla diriger ses premiers mouvemens, l'expérience nous a, sans doute, assez prouvé qu'elle a trop souvent prêté son costume à l'ambition, à l'orgueil de quelques factieux, & sur-tout à la politique profonde du ministre d'Angleterre.

Nous sommes placés entre l'anarchie & le despotisme: ces deux extrêmes se touchent de si près, que le moindre mouvement irrégulier peut nous faire perdre l'équilibre que nous avons le bonheur d'atteindre. C'est dans cette situation qu'il nous convient de composer un gouvernement positif & responsable, si nous ne voulons, encore une fois, être emportés dans quelque nouveau tourbillon.

Il ne faut jamais perdre de vue le cabinet de Saint-James, lui seul depuis cinq ans nous fait pirouetter de révolution en révolution.

Le génie des manufactures affaffiné dans Lyon; le commerce ruiné; les fciences & les arts immolés au vandalifme deftructeur des plus beaux monumens; la fortune publique dilapidée; le crédit national annihilé; tous les moyens d'échange anéantis; les grandes propriétés bouleverfées; une poftérité nombreufe étouffée par le fyftême infernal des réquifitions; nos colonies dévaftées, & peut-être perdues à jamais: voilà l'ouvrage du miniftre anglais. Il n'a, fans doute, pas à fon gré affez vengé fur nous la perte de fes colonies de l'Amérique du nord; il lui refte encore à verfer de nouveaux malheurs fur la France. Il connoît affez les reffources que la France trouveroit dans fon climat, & dans le génie de fes habitans, pour redouter encore fon influence. Il fait très-bien que jamais un grand peuple n'eft plus redoutable à fes ennemis, que lorfqu'il reprend une affiette tranquille après de longs orages politiques.

La guerre civile que fufcita l'ambitieufe maifon de Lorraine, & qu'alimenta le démon du midi, Philippe II, roi d'Efpagne, prépara le règne immortel du premier Bourbon, qui monta fur le trône de France ; & les factions qui agitèrent le règne de Louis XIII & la minorité de Louis XIV, créèrent les élémens de ce fiècle étonnant, dans lequel la France porta la gloire de son nom fur tous les points du globe, dès qu'un gouvernement vigoureux, dirigé par des hommes de génie, eut tourné au profit de la nation, ces affections fortes que des factieux avoient jufqu'alors dirigées en raifon de leurs intérêts particuliers. Le miniftre d'Angleterre fait aujourd'hui ce que l'ambitieux roi d'Efpagne faifoit fous le règne des derniers Valois. Auffi portera-t-il tous fes foins à repouffer loin de nous toute efpèce de gouvernement pofitif : à moins que par quelqu'un de ces mouvemens irréguliers, dont nous avons déjà vu tant d'exemples, il ne brife le char révolutionnaire de la France, contre le piedeftal d'un trône élévé dans Paris au duc d'Yorck (1).

___

(1) La révolte du premier prairial, mieux combinée que celle du 12 germinal, en offre une preuve manifefte. Des mouvemens pareils fe répéteront encore, furtout lorfque le gouvernement s'occupera effentiellement d'affurer l'indépendance & le bonheur de la France, foit par les négociations & les traités au-dehors, foit par de bonnes loix au-dedans.

Nous avons trop long-temps fait les honneurs de la révolution à la philofophie. Il eft temps de la rendre à fes auteurs. Le miniftre qui figna le traité honteux qui nous enlevoit le Canada, dit au plénipotentiaire anglais : vous faurez un jour qu'on n'humilie pas impunément un grand peuple. Le gouvernement de France préparoit dès lors l'indépendance des Etats-unis Le gouvernement anglais a reconnu cette indépendance, fous de pareils aufpices; & notre révolution ne fut d'abord qu'un procès fanglant entre les maifons de Bourbon & d'Hanovre. Long-temps la France en a fait les frais; mais tout nous fait efpérer qu'elle en fera dedommagée par fa liberté & l'établiffement de la république, fur des bafes inébranlables.

Depuis quelque temps le génie de la nobleffe françaife fe tournoit au commerce, qu'elle avoit toujours méprifé. Le maréchal de Belifle s'en étoit apperçu le premier, & pour la ramener à fon antique inftitution, il crut néceffaire d'appauvrir les commerçans, dont le fafte humilioit les membres de la nobleffe que la fortune n'avoit pas favorifés. Nos colonies étoient alors loin de l'état de fplendeur, auquel les a depuis élevées l'induftrie des colons; cependant le maréchal de

Belifle fut apprécier leur influence fur la profpérité du commerce; il en propofa la diffolution; il ne fut pas entendu. Le duc de Choifeul, plus accrédité & plus jaloux peut-être, de la dignité de l'ordre de la nobleffe, fut frappé de la folidité de ce fyftême; il négligea nos colonies d'Afie, & céda la Louifianne aux efpagnols. Les réclamations des habitans de ces contrés ne furent pas écoutées; & leur aliénation au profit de l'Efpagne, n'ayant produit aucune fenfation en France, le miniftre enhardi vendit encore aux efpagnols la partie françaife de Saint-Domingue; mais un orage terrible fe forma contre lui, il n'ofa le braver, & l'acte de vente fut retiré des mains de l'ambaffadeur d'Efpagne.

Alors la nobleffe de France étoit liée au commerce par fes alliances & fes fpéculations; la direction qu'elle prenoit étoit fortifiée par l'exemple féduifant de la famille royale, l'Angleterre calcula toutes les conféquences de ce nouvel ordre de chofes; elle vit que fi la nobleffe de France fe livroit au commerce, elle en prendroit néceffairement l'efprit d'ordre & d'économie, qui, avec les capitaux immenfes qu'elle poffedoit, devoit élever la France au plus haut période de profpérité, par le développement qu'elle alloit donner à sa navigation & à ses colonies. Elle vit, enfin, que les îles britanniques alloient être réduites à leurs troupeaux & à leurs mines d'étain & de charbon : parce qu'un peuple, dont la puissance ne repose pas sur la richesse de son territoire, mais bien sur son industrie & l'ignorance de ses voisins, doit s'abymer avec la cessation des circonstances qui l'ont élevé ; l'Angleterre sait qu'elle ne peut exister que par les malheurs de l'Europe & du monde entier; sa politique atroce ne repose que sur la corruption, la trahison & la perfidie. Averti de sa situation, éclairé sur les intérêts de son pays, le ministre à jamais célèbre, qui veille sur les destinées de l'Angleterre, a cherché le salut de son pays dans une grande révolution.

Un gouvernement énervé par de longues déprédations ; une cour corrompue, dont l'orgueil pesoit sur la noblesse des provinces ; des parlemens tour-à-tour oppresseurs, opprimés, dont l'insolence, odieuse à la noblesse militaire, fatiguoit le peuple ; un clergé dont l'immoralité & l'opulence insultoient à la religion & à la misère du peuple ; un commerce brillant & ambitieux, une bourgeoisie savante & humiliée chaque jour par des institutions & des ordonnances aristocratiques ; des princes riches, corrompus, jaloux, inquiets : telle étoit la phyſionomie de la France lorſque l'Angleterre fit germer chez les uns le deſir de niveler tous les ordres de la ſociété; chez d'autres le deſir de partager, avec le roi, la ſouveraineté, par l'établiſſement des deux chambres. Celui ci vouloit venger par l'humiliation de la nobleſſe quelqu'injure perſonnelle. Celui-là vouloit par une grande popularité arracher des mains du roi l'épée de connétable. D'autres plus près du trône meſuroient l'intervalle qui les en ſéparoit. Mille affections, mille intérêts divers ſe réuniſſoient à ces grands intérêts : tels étoient les élémens dont s'eſt compoſée notre révolution. Si je ne parle pas de cette portion la plus nombreuſe & la plus intéreſſante de la ſociété, qu'on a toujours déſigné par le mot *peuple*, c'eſt parce qu'elle a été & ſera toujours, en France, comme ailleurs, l'inſtrument & la dupe de tous ceux qui voudront ſe donner la peine de diriger ſes affections.

Cependant une conſtitution naquit à travers tous ces intérêts divers; & l'aſſemblée conſtituante, cette réunion d'hommes les plus éclairés du monde, arrêta l'impulſion révolutionnaire. Mais le miniſtre de l'Angleterre n'en ſuivit pas moins ſon ſyſtème de diſſolution du commerce de France & des élémens qui le constituent. Il porta aux Antilles le foyer de ses opérations, sans atténuer l'impulsion qu'il avoit donnée aux mouvemens de l'Europe. Son génie vaste embrassoit à-la-fois toutes les parties de la terre, il embrassoit le présent & l'avenir; & préparoit à sa patrie le développement d'une grande prospérité.

Je n'examinerai pas si ceux qui ont figuré à la tête des factions ont voulu la république ou seulement un changement de dynastie. Je n'examinerai pas s'ils avoient les mêmes vues & le même intérêt. D'autres plus instruits que moi pourront s'occuper de ces grandes questions & prévenir par-là de nouveaux déchiremens, & sur-tout une réaction nouvelle, qui ranimeroit parmi nous le système de sang. Nous marchons sur un volcan dont l'explosion sera d'autant plus terrible, que ses feux auront été long-temps concentrés. Toute la morale du système de terreur étoit dans le mot: osés. La compression des agens de ce système ne sauroit durer si nous conservons encore la forme de gouvernement qui les a jettés sur la scène.

C'est ainsi qu'après une longue tempête, si le soleil divise les vapeurs qui couvrent la terre, un ciel d'azur, un jour calme & serein nous donnent les plus belles espérances. Mais tout-à-coup les vapeurs fermentent, elles s'agglomèrent & forment un nouvel orage, dont les effets sont d'autant plus désastreux qu'on comptoit sur un plus beau jour. De nouveaux orages se succèdent par les mêmes causes & les mêmes moyens, jusqu'au moment où la terre, les vents & le soleil aient absorbé, divisé, chassé les élémens qui les constituent.

 Cependant à travers toutes les réflexions désespérantes que font naître les évènemens & les effets de la révolution, on se repose avec confiance, quand on considère que les principaux agens des factions se sont entre-détruits à mesure qu'ils se sont élevés : leur haine ou leur rivalité ont servi la patrie. On se repose avec confiance, quand on considère que le gouvernement dirigé, trop long-temps, par des factions ennemies de la prospérité nationale, prend enfin, une attitude digne du peuple français. Les talens & la probité loin d'être, comme autrefois, un motif de proscription, sont recherchés aujourd'hui : parce que la vertu qui gouverne provoque elle-même la surveillance de l'homme de bien. Enfin, nous pouvons espérer que la France fera son profit d'une révolution dont le crime combina les élémens que la philosophie avoit créés pour le triomphe de la vertu.

Essais sur les rapports du gouvernement anglais avec les colonies françaises.

Le ministre d'un peuple qui n'a jamais pris les armes qu'en raison de son intérêt commercial ne peut se faire pardonner la guerre actuelle, qu'en donnant à ce même commerce un plus grand développement, une plus grande latitude. Chaque jour Pitt remplit cette tâche fatale à la prospérité de la France.

Parce que l'Angleterre n'envoyoit pas de grandes forces maritimes dans les colonies, on a cru qu'elle en négligeoit la conquête; ou plutôt des écrivains salariés par elle ont détourné l'attention publique, pour la fixer sur le continent, & sur-tout pour la diriger contre l'Autriche, la Prusse & l'Espagne. Si l'Angleterre eût armé contre nos colonies, qu'en seroit-il résulté? Même dans les temps de dissention tous les intérêts se seroient réunis pour repousser ses escadres. En effet, les colons de Saint-Domingue, long-temps placés entre l'Angleterre & les satellites de Polverel & Sonthonax, ont également repoussé les uns & les autres, jusqu'au moment où le désespoir les a forcés de se jetter dans les bras de cette puissance ennemie. Si nous jugeons des affections des habitans des Antilles par les rapports de commerce, d'éducation; par les affinités, les liaisons du sang & de l'amitié, nous ne pourrions douter un seul instant de leur dévouement à la France; nous devons à plus forte raison y croire lorsque leur intérêt se lie à toutes ces autres considérations : puisque le gouvernement anglais, tout en laissant à ses colonies quelques formes de la liberté, est, quant à ses loix commerciales, d'une sévérité inconnue aux colonies françaises.

Si l'Angleterre avoit porté ses escadres dans les colonies, l'attention de la France se seroit nécessairement tournée vers ces contrées; l'attention que le peuple français auroit porté aux événemens des Antilles eût été en raison des moyens que l'Angleterre auroit développés pour les subjuguer. L'intérêt de l'Angleterre, au contraire, étoit de jetter un voile épais entre ces contrées & leur mère-patrie. Pourquoi l'Angleterre auroit-elle envoyé ses escadres attaquer nos colonies; ne lui étoit-il pas plus utile d'employer ses guinées à corrompre les agens que la France envoyoit les régir (1) ?

---

(1) Il ne faut pas oublier que dès les premiers jours de la révolution, les guinées étoient la monnoie cou-

Depuis quarante années le gouvernement anglais a éprouvé ce que peut chez les français le caractère national. Il fait que par-tout où il fe trouve une affociation de colons français, là font les goûts, les mœurs, le langage, le génie national & l'amour le plus conftant pour leur mère-patrie. Il fait que les colons français n'aiment pas le régime prohibitif des colonies anglaifes; il a vu que fi dans cet état de chofes il parvenoit à conquérir Saint-Domingue, cette colonie lui échapperoit tôt ou tard. Alors il a cherché à dénaturer le caractère national, à comprimer, à étouffer chez les colons l'amour de la mère-patrie; il a voulu, à force de calamités, leur faire defirer de voir le pavillon anglais flotter fur leurs rivages.

Ainfi donc, pour s'emparer des colonies

---

rante de Paris; & Pitt interrogé de l'emploi de quarante millions, dont il ne pouvoit juftifier, promit d'en rendre compte dans quatre années. Ce compte eft balancé par la ruine de notre commerce & de nos colonies. Ce fyftême de corruption étoit celui de CHATTAM, fon père, qui difoit tenir dans fon porte-feuille le tarif des confciences du parlement d'Angleterre. Héritier de fa haine pour la France, Pitt lui aura, fans doute, appliqué les mêmes moyens.

françaises, l'Angleterre n'a pas dû faire des préparatifs militaires : 1°. afin de ne pas réveiller l'attention de la France ; 2°. afin de laisser les colons s'entre déchirer, se détruire ; 3°. afin de leur rendre le gouvernement français odieux ; 4°. afin de faire desirer la protection de l'Angleterre comme le plus grand des biens.

Nous dira-t-on que si les colonies échappent à la France, nous tenons dans nos mains un moyen infaillible de les bouleverser ? Tels sont les effets funestes de la prévention, de la confiance & de l'erreur, que si quelques frippons ont propagé cette opinion, beaucoup d'honnêtes gens y ont été trompés. Ils ont consideré l'acte d'affranchissement des nègres comme un moyen sûr de ruiner les colonies anglaises, en faisant prospérer les nôtres. Comme si la même cause pouvoit, dans des lieux & à des temps égaux, produire des effets si différens ! d'autres ont consideré cet acte comme une mesure de justice & d'humanité.

Tous se sont également trompés. L'affranchissement présente au nègre une arme qu'il tourneroit contre lui même, s'il n'étoit dirigé dans l'usage qu'il doit en faire. Il bouleverseroit nos colonies sans atteindre celles de l'Angleterre. Les décrets de la convention nationale sont à leur égard ce que seroit pour les hurons un firman du sultan des turcs. Leurs esclaves ne se révolteront pas au son de notre trompe révolutionnaire. Etranger à nos institutions sociales, le nègre n'a jamais su qu'obéir en esclave ou commander en tyran; sa vie est une longue enfance; il croit être né pour l'esclavage, il ne peut concevoir qu'il existe une société d'hommes libres; & les nègres & hommes de couleur, armés à Nantes par Carrier, n'avoient pas pris d'autre idée de la société, lorsque couverts du sang des vieillards & des enfans égorgés, ils vendoient, comme leurs esclaves, les femmes dont ils avoient conservé la vie, pour assouvir leur brutalité. Si les nègres, si les hommes de couleur, l'élite de leur espèce (parce qu'il est à présumer que les colons n'amenoient ou n'envoyoient en France que ceux qui par leur zèle ou leur intelligence avoient fixé leur choix), nourris, élevés en France dans la société, témoins de tous les événemens de la révolution, n'ont pu modifier leur caractère féroce; s'ils n'ont pu se façonner à la sociabilité, peut-on espérer de trouver des dispositions plus heureuses dans ceux qui nourris dans les déserts de l'Affrique, abrutis par l'esclavage, &

accoutumés, depuis cinq ans, au meurtre, au vagabondage, font, comme l'a dit Dufay lui-même à la convention nationale, folio 56 de fon Compte rendu, *des hordes d'antropophages, qui n'entendent ni le français, ni la raifon.*

On fe repréfente toujours les nègres & les hommes de couleur combattant pour la liberté; cependant il eft bien démontré qu'ils n'ont jamais été que les inftrumens de ceux qui leurs ont mis les armes à la main. Ici, ce font les contre-révolutionnaires qui les premiers les ont armés contre les révolutionnaires; là, ce font les révolutionnaires qui les ont armés pour fe défendre.

Mais comment perfuader à plufieurs que les nègres & les mulâtres ne font pas les partifans les plus zélés de la révolution, lorfqu'ils lui doivent leur exiftence fociale & politique? La réponfe à leur faire fe trouve écrite dans l'hiftoire de la Vendée: pourquoi les payfans de ces contrées ont-ils préféré le roi, leurs prêtres & leurs feigneurs à tous les avantages de la révolution?......

Il a fallu deux années d'intrigues pour révolter les nègres des colonies françaifes; il a fallu le concours de tous les agens du gouvernement & de plufieurs propriétaires, qui,

calculant

calculant mal les réfultats de la révolte, avoient cru que ces évènemens alloient réagir fi fortement fur la France, que le roi profitant des circonftances, rameneroit l'ancien fyftême; & feroit paffer, de fuite après, aux colonies, des forces fuffifantes pour rétablir le bon ordre dans les atteliers.

Si pour révolter les efclaves des colonies françaifes, il a fallu tant de précautions, comment pourroit-on efpérer de révolter ceux des colonies anglaifes, dont les propriétaires, avertis par l'expérience, doivent néceffairement exercer une rigoureufe furveillance.

Mais fuppofons qu'il foit poffible de révolter les nègres des colonies anglaifes; fuppofons qu'il foit poffible de déchirer ces contrées : cette mefure de diffolution d'un pays qui devroit être étranger aux querelles de l'Europe eft repouffée par la politique, je vais le démontrer.

Quelle eft la fituation des colonies anglaifes? Ces colonies font peu productives, peu étendues & ruinées par une longue culture; leurs produits font tout au plus de foixante millions.

Quels font leurs rapports avec le gouvernement de leur métropole? Leurs verfemens dans les douanes de la métropole, font, malgré l'exorbitance de leurs tarifs, loin de ceu-

B

vrir les frais de protection; ainsi la possession des Antilles est onéreuse au gouvernement d'Angleterre, *comme gouvernement*. Le colon, lui-même, est loin d'y trouver un produit égal à celui que le cultivateur des colonies françaises retire de sa terre: parce que les Antilles anglaises moins fertiles ont besoin de plus de soins, & sont soumises à de plus grands frais de culture. La métropole n'y trouve pas l'emploi de plus de vingt à trente millions, à moins qu'on ne les considère comme l'entrepôt nécessaire du commerce interlope qu'elle fait avec les possessions espagnoles d'Amérique. A cela près, les denrées que les Antilles anglaises & leur métropole s'échangent réciproquement ne s'élèvent pas à plus de quatre-vingt à quatre-vingt-dix millions.

Quelle est au contraire, l'attitude des colonies françaises? Leur produit & leur consommation se portoient à plus de six cents millions. C'étoit par elles que la France s'élevoit au plus haut degré de prospérité commerciale.

Les îles de France & de la Réunion étoient l'entrepôt du commerce d'Asie; elles alloient partager avec la Guyanne & les Antilles, le commerce des épiceries, que les hollandais avoient, jusqu'alors, fait exclusivement à tous les peuples de l'Europe. C'étoit par ses colonies qu'elle alloit dominer tous les marchés de l'Europe; c'étoit par elles qu'elle vivifioit fes manufactures, fa navigation, fes conftructions navales, fa marine marchande & militaire; c'étoit, enfin, par fes colonies que la France entretenoit une population toujours active de huit millions d'hommes.

Si la France perd fes colonies, elle perd tous fes moyens de commerce; cependant les français ne fauroient être purement agronomes! la nature commande le génie des peuples; & l'afpect des deux mers, qui baignent la moitié du périmètre de la France, donne à fes habitans une impulfion irréfiftible vers la navigation & le commerce; il leur commande l'entretien d'une grande marine militaire; les élémens de cette marine font dans le commerce; & le commerce repofe fur les colonies. Sparte eût befoin de vaiffeaux, dès qu'Athènes eût armé des efcadres; la liberté de la Grèce auroit expiré devant l'armée des Perfes, fi Thémiftocle & Euribiade n'avoient vaincu à Salamine. Les peuples du nord, les anglais n'auroient jamais envahi le territoire de la France, fi nos ancêtres avoient eu une marine refpectable. La rivalité de la France a feule, depuis plus d'un fiècle, garanti l'Europe du defpotifme maritime & commercial de l'Angleterre ; & fi la France ceſſoit de peſer également dans la balance, l'Angleterre domineroit les mers, & Pitt réaliſeroit la menace de Chatam, ſon père, qui diſoit : que le temps n'étoit pas loin où il ne ſeroit plus permis de tirer un coup de canon à la mer, ſans la permiſſion de la grande Bretagne.

Je diſois que les poſſeſſions anglaiſes dans les Indes occidentales étoient onéreuſes au gouvernement, *comme gouvernement ;* qu'elles ne préſentoient que quatre-vingt à quatre-vingt-dix millions de produit ou de conſommation : pendant que les Antilles françaiſes, au contraire, donnoient ou conſommoient pour une ſomme de plus de ſix cents millions. J'aurois encore pu ajouter que par ſuite de la rareté & de l'épuiſement du ſol, le cultivateur des Antilles anglaiſes ſe trouvoit, même avec parité de capitaux, bien au-deſſous du produit du ſol des colonies françaiſes, de manière qu'il ne pouvoit ſoutenir leur concurrence.

Ainſi donc celui qui croiroit qu'il importe à la France de détruire ſes colonies, pour bouleverſer celles des anglais, nous paroîtroit être un furieux, qui, pour ſe venger de ſes ennemis, ſe mutileroit lui-même, après avoir égorgé ſa famille. Pour le démontrer, il ſuffit d'expofer la fituation commerciale des anglais.

Avant le développement de notre révolution, l'Angleterre avoit commencé à planter fur la côte d'Affrique, autour de fes comptoirs, la canne à fucre & le cafier. Là, le nègre fe trouve fur fa terre natale; & le colon économife les frais de tranflation & les pertes réfultantes des influences d'un climat nouveau.

Avant cette même époque, l'Angleterre avoit planté les mêmes denrées dans le Bengale. Là, comme en Affrique, un peuple indigène, né & élevé dans un efclavage religieux & politique, cultive fervilement la terre qui l'a vu naître.

Ainfi donc l'Angleterre, qui, dans l'état des chofes de 1789, fe voyoit au moment de perdre fes Antilles, par l'impuiffance où elle étoit de foutenir la concurrence de celles de la France; l'Angleterre, qui avoit vu qu'elle ne pouvoit fe fauver que par la ruine des colonies françaifes, craignit de voir les fiennes entraînées dans le tourbillon deftructeur; elle prépara leur remplacement par des nouveaux établiffemens dans l'Afie, l'Affrique & les Terres auftrales. La France, au contraire, avoit négligé, abandonné & perdu prefque toutes fes autres poffeffions dans ces deux parties du monde.

C'est ainsi que la France, en perdant ses colonies, perd tous ses moyens de commerce. L'Angleterre conserve tous les siens; & s'enrichit de la ruine du commerce français. Si les colonies anglaises recoivent, à leur tour, l'impulsion de dissolution, il reste à l'Angleterre ses possessions d'Affrique & d'Asie qui suffiront à son commerce. Sans doute le sucre, le café, le coton, &c. seront moins abondans qu'aujourd'hui; mais qu'importe au commerce anglais, qui vendra ces denrées en raison de leur rareté, comme faisoient les hollandais de leurs épiceries.

Si les mesures de destruction contre les Antilles ne peuvent nuire sensiblement au commerce anglais, elles sont loin de blesser les intérêts du gouvernement, qui, obligé, jusqu'à ce moment, de partager ses forces de terre & de mer, entre ses possessions d'Amérique, d'Afrique & d'Asie, n'auroit plus à protéger que ses possessions dans ces deux dernières parties du monde. Cette protection lui seroit d'autant moins dispendieuse que la ruine des colonies françaises emmeneroit nécessairement l'appauvrissement de la marine de la France.

On nous dira peut-être que déjà les colonies étoient perdues pour la France, lorsque la convention vota l'affranchissement des nègres. Mais une vérité de fait : c'eſt qu'à l'époque où la convention vota la liberté des nègres, nos colonies n'étoient pas perdues pour la France; les îles de la Martinique & de la Guadeloupe, venoient d'être repriſes par les colons attachés à leur mère patrie; & peut-être nous prouverons que cette meſure d'affranchiſſement n'a été préſentée à la convention nationale, que parce que les colons avoient chaſſé de ces Antilles les anglais & les anti-révolutionnaires, contre leſquels ils avoient, dès les premiers jours de 1793, demandé protection & ſecours. Les miniſtres, le comité de défenſe générale, celui de ſalut public, les ont, ſans ceſſe, repouſſés, trompés, trahis, & ce n'eſt pas étonnant, Briſſot qui dirigeoit le comité de défenſe générale, étoit, ſur-tout en poſſeſſion de tromper la France, dans l'affaire des colonies; & ce Briſſot qui paroît encore avoir des partiſans, parce que quelques honnêtes gens entraînés par les dehors de ce Caméléon politique, ont été perſécutés à cauſe de lui, étoit l'agent principal de la faction anglaiſe. Il n'avoit voulu de la République que pour ſubſtituer la maiſon d'Hanovre à celle de Bourbon.

Si Briſſot domina le comité de défenſe générale, le comité de ſalut public fut, à ſon tour, occupé par d'autres agens de la faction anglaise; Robespierre sur-tout dirigeoit ce comité; & Robespierre, qui vouloit dominer seul, par la misère & l'ignorance du peuple, tendoit au même but que toutes les autres factions : la ruine du commerce & conséquemment la dissolution des colonies. Lors de l'émission du décret du 16 pluviôse, les Antilles du Vent appartenoient donc encore à la France; les nègres y cultivoient paisiblement les champs de leurs maîtres; alors encore les martiniquais venoient de repousser les anglais, qui s'étoient présentés sur leurs rivages.

La partie française de Saint-Domingue avoit jusqu'alors repoussé les anglais. Les quartiers de Jérémie & du Mole seuls les avoient reçus, lorsque Sonthonax & Polverel proclamant l'affranchissement des nègres, ne leur laissoient que ce moyen d'échapper à la dévastation totale du pays.

Il est si vrai que toutes les opérations de la France envers ses colonies ont toujours été dirigées par l'Angleterre; que pour rendre la république à jamais odieuse aux colons & les forcer à se rendre aux sollicitations de ce gouvernement ennemi, tous ceux des colons qui arrivoient en France étoient arrêtés, fouillés exactement, dépouillés non-seulement de ceux de leurs papiers qui pouvoient donner quelques notions de la situation des colonies, mais même de leurs titres de créances & autres effets de commerce qui pouvoient leur fournir quelques moyens d'existence. Quinze cents d'entr'eux déportés par les anglais pour avoir refusé au roi d'Angleterre le serment exigé lors de la conquête faite en son nom des isles du Vent, ont été fouillés, pillés, volés, incarcérés pendant plusieurs mois à bord des navires qui les avoient portés, & définitivement jettés sous la tente à deux lieues de Brest, sans pouvoir communiquer avec qui que ce fût. Quatre cents sept d'entr'eux ont péri par le défaut & la mauvaise qualité des alimens qu'on leur donnoit. Voilà comme le gouvernement de France a traité ceux des colons qui renonçoient à leur pays, à leur famille, à leurs propriétés, plutôt que de prêter serment de fidélité au roi d'Angleterre.

La surveillance & la persécution du gouvernement se portoient encore plus loin, & de peur que l'opinion ne se formât sur les colonies, soit dans la convention, soit dans la société, par la correspondance des colons, toute correspondance a été interceptée depuis trois ans. Il paroît que le mulâtre Raymond, ce provocateur de révolte, n'étoit pas étranger à cette manœuvre : il a été convaincu, comme il conſte aux débats entre les accuſateurs & les accuſés dans l'affaire des colonies, d'avoir intercepté un paquet très-important & divers mémoires détaillés qu'écrivoient les colons ſur la ſituation des colonies & ſur les meſures priſes par les anglais pour s'en emparer.

Vandaliſer la France ; ruiner ſon commerce, ſes manufactures ; étouffer dans ſon ſein le goût des arts ; ruiner, écraſer l'Eſpagne ; bouleverſer la Hollande ; dominer la mer : voilà le vaſte plan que Pitt a conçu depuis dix ans. Peut-être que dans la crainte de fixer ſur elle l'attention jalouſe des autres peuples, qui redouteroient, avec raiſon, ſon deſpotiſme commercial, l'Angleterre n'oſera pas cumuler dans ſes mains les colonies françaiſes, ſur-tout dans un temps où la théorie du commerce & ſon influence ſur le bonheur des peuples & ſur les gouvernemens ſont auſſi bien démontrées qu'elles le ſont aujourd'hui. Mais elle auroit déjà beaucoup fait en les rendant inutiles à la France. Pour bien juger de notre ſituation & de celle de l'Angleterre, nous allons raiſonner ſon ſyſtême dans toutes les hypothèſes.

L'Angleterre a dit : « Déſorganiſons, rui-
» nons, bouleverſons les colonies françaiſes ;
» que les colons qui ont quelque talent,

» quelqu'induſtrie, périſſent ſur-tout, à moins
» que leur haine pour la France & ſes prin-
» cipes ne nous aſſure de leur fidélité. Rui-
» nons le commerce de France, aſſaſſinons
» les commerçans : que ce double coup ſoit
» frappé, en même-temps, dans les deux
» hémiſphères.

« Si tel eſt le réſultat de cette meſure que
» nos propres colonies ſoient bouleverſées à
» leur tour, nous n'y perdons qu'un peu plu-
» tôt un genre de commerce auquel nous
» aurions été bientôt forcés de renoncer :
» parce que ne pouvant déjà plus ſupporter
» la concurrence des colonies françaiſes, la
» ruine des nôtres auroit toujours été croiſ-
» ſant, en raiſon de la proſpérité de celles
» de la France, qui s'acheminoient à un
» développement incalculable ; mais alors
» l'Eſpagne perdra auſſi ſes Antilles, parce
» qu'elles ſont compoſées des mêmes élémens.
» Alors enfin les poſſeſſions eſpagnoles du
» continent compoſées d'élémens différens,
» mais également fatiguées de la domination
» du cabinet de Madrid, profiteront de ce
» grand déchirement pour ſe placer au rang
» des nations. Les efforts de l'Eſpagne, pour
» les aſſervir, ne ſauroient que l'épuiſer d'hom-
» mes & de vaiſſeaux, en même temps qu'ils

» ajouteront à la haine qu'elles lui portent.

» L'habitude du commerce direct, quoique
» très-borné, que le roi d'Espagne a été forcé
» de nous accorder ; l'habitude du commerce
» interlope, & plus que tout cela notre ma-
» rine, alors d'autant plus formidable que la
» ruine des colonies énerve & détruit même
» jusqu'aux élémens de celle de France &
» d'Espagne, nous assurent le commerce de
» ses contrées ».

Ces combinaisons de l'Angleterre sont d'autant plus exactes, que l'inertie du gouvernement espagnol & l'annihillation du commerce de France ajoutent à ces premières probabilités.

Mais dans tous les cas, comme je l'ai déjà dit, l'Angleterre trouveroit dans cette catastrophe l'avantage de ruiner la France & l'Espagne, sans nuire à son commerce, que ses possessions d'Asie & d'Afrique alimenteroient suffisamment.

Raisonnons dans une hypothèse différente. L'Angleterre a pu dire : « Si nous dévastons
» les colonies françaises sans entraîner les
» nôtres dans le tourbillon de dissolution,
» qu'avons-nous à désirer, puisqu'après avoir
» ruiné, égorgé le commerce de France,
» nous lui aurons ôté le seul moyen de réparer

» ses malheurs, par le commerce des colo-
» nies ? Qu'avons-nous enfin à desirer, puis-
» qu'en ruinant, en égorgeant le commerce
» de France, nous avons ôté à ce gouverne-
» ment tout moyen de restaurer ses colonies ?
» Si, emporté par son enthousiasme ou par
» les intrigues de nos agens, le gouverne-
» ment de France envoie des professeurs de
» métaphysique ou de tactique policer & dis-
» cipliner les nègres, qu'en résultera-t-il ?
» ou ces professeurs seront des frippons, ou
» ce seront d'honnêtes gens. Dans le premier
» cas, ils ne s'occuperont que de leur intérêt
» particulier, notre système de corruption
» leur sera utilement appliqué. Dans le second
» cas, ces honnêtes gens détrompés écriront
» en France de très-longues jérémiades : mais
» la désorganisation ira toujours croissant :
» parce que l'ordre qu'ils auront été chargés
» d'établir ne pourra être que le complément
» du désordre ».

Il importe sur-tout de ne pas perdre de vue que l'Angleterre a toujours placé non-seulement le gouvernement de France, mais la France entière, entr'elle & les colonies. C'est au nom & par les agens de la France qu'elle a fait incendier ces contrées, égorger ou bannir les colons. C'est au nom de la France

& par ſes agens qu'elle a fait perſécuter les colons réfugiés aux Etats-Unis & ſur toute l'étendue du territoire français. Et dans ce moment même, ſans égard pour le procès qui s'inſtruit entre les colons & leurs égorgeurs, Polverel & Sonthonax, l'expédition deſtinée pour Saint-Domingue n'eſt compoſée que des complices de Sonthonax & du mulâtre Raymond, ſur lequel Garran de Coulon, par une prévarication à la loi, qu'il étoit ſpécialement chargé de faire exécuter, comme préſident de la commiſſion des colonies, a fait à la convention nationale un rapport menſonger, pour lui ſurprendre un décret, qui mit Raymond en meſure de partir pour les colonies, & d'emporter avec lui le ſecret de tant de perſonnages intéreſſés dans cette grande affaire.

Et pourquoi le roi d'Angleterre n'auroit-il pas dit : « Si je rends la France odieuſe aux
» colons, ſi j'humilie ſa marine, j'eſſayerai
» de ranger définitivement les colonies fran-
» çaiſes ſous la domination de ma famille;
» elles deviendront l'apanage de quelqu'un
» de mes enfans, comme Naples eſt celui
» d'un enfant d'Eſpagne ».

Si elle adopte ce ſyſtême, elle jettera dans nos colonies une population nouvelle; elle y portera quelques-uns des habitans du Canada;

quelques irlandais inquiets, qui remplaceront les français qu'elle a égorgés, & qu'elle égorge encore à l'ombre du drapeau tricolore; elle ramenera tous les esprits, tous les intérêts à un intérêt commun; elle y naturalisera la langue & les mœurs anglaises, ses principes & son gouvernement.

Peut-être placera-t-elle à la tête de leur gouvernement quelqu'un des fils d'Hanovre, qu'elle fait voyager depuis long-temps dans les mers de l'Amérique. Sa politique adroite fera considérer cette grande mesure comme un hommage rendu aux droits des peuples & à la liberté du commerce, ou comme un acte de magnanimité. Alors les peuples du nord, qui, jusqu'à ce moment, n'ont reçu les denrées des colonies que par la main du négociant français, béniront le pavillon qui leur aura ouvert les mers d'Amérique; & le gouvernement anglais ajoutera à ses forces maritimes, une grande idée de générosité & de justice.

Cependant tout lui garantira le commerce exclusif des colonies, le souvenir des horreurs commises au nom & par les mandataires de la république française; le souvenir de cinq ans d'agitations, de vexations, de persécutions, d'oppressions; le souvenir des secours & de la protection que leur aura porté l'Angleterre; les sentimens d'affection & de gratitude, que doit, nécessairement, développer le grand acte de justice, qui placera les Antilles au rang des Nations; la parité de goûts, de langage, la similitude de gouvernement, tout en effet garantiroit à l'Angleterre le plus grand ascendant sur le régime & le commerce des colonies.

Dans toutes ces considérations, viennent se fondre les intérêts commerciaux de l'Angleterre & de ces contrées.

Dès que les Antilles auront été rangées sous la dénomination d'un enfant d'Hanovre, l'Angleterre portera dans l'Inde toutes ses forces protectrices; & fera, pour long-temps, le commerce exclusif de ces contrées. Ce commerce donnera la plus grande activité à son cabotage, dans les mers d'Europe, & lui servira dans ses échanges avec les Antilles, qui consomment beaucoup de marchandises d'Asie. L'Angleterre, qui seule pourra les leur fournir, de la première main, s'emparera exclusivement de cette branche de commerce & des denrées coloniales, qui serviront à leur payement.

L'Angleterre donne à ses quinquailleries, à ses toiles, à ses étoffes de laine, un fini que ne pouvoient atteindre nos manufactures. Dans

le

le temps même de leur fplendeur; l'économie de fes armemens établit une concurrence fatale au commerce de France ; & l'afcendant que le gouvernement anglais aura pris dans ces contrées, lui fera toujours obtenir une préférence ruineufe pour les autres peuples. Le commerce des vins de Bordeaux, que l'Angleterre ne pourra remplacer par ceux de Portugal & de Madère, fera le feul dont elle ne pourra foutenir la concurrence : à moins que Lyon renaiffant de ces cendres, ne ravive fes manufactures, dont les ouvrages étoient recherchés de tous les peuples de la terre. Mais que de temps ne faut-il pas pour remplacer les artiftes égorgés dans cette ville infortunée !

Après avoir ruiné la marine de France & de Hollande; après s'être enrichie des vaiffeaux de ces deux nations, il ne feroit pas étonnant que l'Angleterre conçut le projet de réunir fous fa dénomination les colonies françaifes. L'Efpagne humiliée, les puiffances de la Baltique occupées d'intérêts plus prochains, par la fuite des évènemens de la Pologne, ne fauroient l'empêcher. Et fi jamais l'Angleterre prend une pareille détermination, fi fur-tout elle y porte les émigrés, fi elle les protége de bonne foi, toutes les forces de la France iront fe brifer contr'eux: car le climat & la nature ont

C

tout fait pour la défenfe des Antilles. Alors fatiguée d'une opiniâtre réfiftance, elle leur abandonnera ces contrées; & la haine élevera pour toujours un mur d'airain entr'elle & eux.

Si nous réfléchifions attentivement aux circonftances qui ont amené les différentes cataftrophes des colonies, nous verrions que l'Angleterre les dirige toutes: même celles qui paroiffent les plus inverfes de fes intérêts.

La Martinique fut toujours confidérée comme le boulevard des Antilles; & la Guadeloupe parut devoir toujours demeurer fous fa protection. Ces deux colonies étoient, ainfi que les autres Antilles françaifes du vent, envahies par les anglais. Si le gouvernement de France eût été de bonne foi, auroit-il adreffé à la Guadeloupe une expédition de flibuftiers qu'il pouvoit rendre bien plus certaine, en la dirigeant fur la Martinique? Maître de la Martinique, il auroit bientôt commandé la Guadeloupe & les autres colonies françaifes: maîtres aujourd'hui de la Guadeloupe, nous en feront chaffés quand l'Angleterre le trouvera convenable à fes intérêts. Ce font-là des vérités géométriquement démontrées à tous ceux qui connoiffent les localités.

Si pour expliquer toute la perfidie de cette expédition, je n'avois befoin d'entrer dans des détails trop longs pour le plan que je me suis tracé, j'aurois démontré que l'entrée du commissaire national Hugues, à la Guadeloupe, a été concertée par les deux gouvernemens d'Angleterre & de France, sous l'inspection de Barrere.

On sera peut-être étonné de voir l'Angleterre, seconder le succès de nos armes : mais cet étonnement cessera lorsqu'on saura combien cette expédition importoit à son intérêt.

Nous avons vu que le plan constamment suivi, par l'Angleterre, c'est de rendre la France odieuse aux colons, & d'étouffer chez eux tous les sentimens qui les attachent à leur mère patrie. Les îles du vent avoient fait une vigoureuse résistance, nous avons vu que quinze cents de leurs habitans avoient été déportés & incarcérés à Brest, par Prieur de la Marne, parce qu'ils n'avoient pas voulu prêter serment de fidélité au roi d'Angleterre. Ceux qui s'étoient soumis avoient cédé à la force ; & le gouvernement anglais ne l'ignoroit pas. Enfin, ceux des colons anti-révolutionnaires qui avoient appellé les anglais à la conquête de ces colonies, sur les colons attachés à la France, avoient fait stipuler que l'Angleterre tiendroit ces colonies sous sa protection, pour en faire remise à Louis XVII. La souveraineté ne lui en étoit acquise que dans le cas ou dans sept années Louis XVII ne seroit pas établi sur le trône de France. L'Angleterre a vu que chez les royalistes le caractère national, étouffant les divisions d'opinion, rameneroit tôt ou tard à la France, cette portion de colons; elle a vu sur-tout, qu'elle ne pouvoit compter sur les autres colons, sans le secours d'une surveillance extrême & des moyens de représsions coûteux ou violens; elle a voulu se les attacher par un grand exemple; elle a voulu que la France comblât la mesure des maux qu'elle a fait aux colonies. Ce n'étoit pas assez pour ce gouvernement artificieux, que la convention eût décrété la liberté des nègres, c'est-à-dire, la dissolution des colonies; elle a voulu que tous les propriétaires tombassent sous la hache des guillotines, apportées dans la frégate même que montoit le commissaire national civil (1).

---

(1) Je trouve la preuve de la complicité de l'ancien comité de salut public avec le gouvernement d'Angleterre, dans le discours de Fox, & dans la réponse de Pitt à cet orateur, le 10 février dernier; « jusqu'à » quand, dit Fox, le ministre voudra-t-il nous repaître » d'espérances? Il nous a promis la souveraineté des colo- » nies, & cependant déjà nous avons perdu la Guade- » loupe, bientôt nous aurons perdu Saint-Domingue. »

La leçon terrible donnée à la Guadeloupe, suffira sans doute à toutes les autres îles du vent; aussi nous ne verrons plus envoyer des professeurs de métaphysique dans ces contrées : si ce n'est dans le cas où l'Angleterre seroit décidée à les abandonner. Mais Saint-Domingue qui a osé faire composer l'Angleterre, & ne recevoir ses troupes que jusqu'au moment où *la France, le roi d'Angleterre & les Puissances belligérantes auroient déterminé quelle doit être sa destinée*, a besoin d'une correction philosophique.

Pauvre France ! . . . . Pauvres colonies ! . . . . . Pauvre commerce ! . . . .

Je ne parlerai pas de la situation de Saint-Domingue; tous les évènemens de cette colonie, sont autant de problêmes; & la solution de chaque problême est le développement d'une conjuration.

Je ne parlerai pas des îles de France & de

« Je ne répondrai pas à l'honorable membre, dit le » ministre, le temps n'est pas encore venu : mais lors- » que je rendrai compte de ces évènemens, je me flatte » d'obtenir l'approbation du parlement. . . . . . . » Cette réponse vaut bien celle qu'il promit, en 1790, pour le compte à rendre des quarante millions, dont il devoit indiquer l'emploi dans quatre à cinq années.

la Réunion; elles ont eût le bon esprit de mettre au secret les porteurs du décret, du 16 pluviôse, en même temps qu'elles repoussoient les anglais. Il ne manque plus que de les forcer à recevoir cette loi, pour ouvrir leurs ports à l'Angleterre, qui dès-lors nous chassera pour toujours du commerce d'Asie.

Mais quoiqu'il en soit l'Angleterre fera exclusivement un commerce infiniment profitable que repousse l'austérité de nos principes : c'est celui de la traite. Les manœuvres de ce gouvernement, pour s'en saisir, sont trop peu connues : nous allons en faire un rapprochement, qui ne sera pas inutile.

En faisant sa paix avec la France & l'Amérique du nord, l'Angleterre forma une société, dont la dénomination & la doctrine sembloient être un hommage à la nature. Le ministre Pitt, qui connoissoit le génie imitateur du français, envoya Brissot, Claviere, &c..... apostoler à Paris cette religion nouvelle, & combiner les élémens de la société des amis des noirs. C'est-là que tant d'honnêtes gens furent les duppes de quelques frippons ! C'est-là que Brissot, Claviere, &c............ se saisirent de la question des colonies, pour en dénaturer les faits & les évènemens ; c'est-là qu'ils égarèrent l'opinion publique avec tant d'esprit & tant d'adresse, que l'affaire des colonies devint un problême inextricable pour la société. C'est-là enfin que, par le ridicule & la calomnie, leur influence & leur crédit, ils étouffèrent tous ceux qui essayoient de relever leurs erreurs & de rectifier l'opinion publique.

L'anglais Wilbeforce, étoit le grand prêtre de cette secte nouvelle; du milieu de Londres, il dirigeoit ses agens à Paris. Il existoit entr'eux une harmonie parfaite : & jamais question, de quelque importance sur les colonies, ne devoit être traitée à Paris, que Wilbeforce ne prît quelques jours d'avance la parole à Londres, pour déclamer contre la traite & l'esclavage. Un ajournement sur la question mettoit le gouvernement anglais en mesure de voir & d'agir, d'après l'effet qu'auroit produit à Paris le sermon philantropique.

C'est ainsi que Wilbeforce a commencé le dénouement de cette grande intrigue. Nous allons en rappeller les circonstances.

Après avoir touché à l'Amérique du nord, & concerté sa manœuvre avec Genet, Duffay est arrivé à l'Orient, dans le mois de janvier 1794 (vieux style); le 28 du même mois, le ministre anglais qui ne pouvoit ignorer, ni son départ de l'Amérique du nord, ni son arrivée en France, jète dans l'arène Wilbeforce, pour demander aux communes la parole, afin de leur préfenter, le 7 février (19 pluviôfe), un bill fur la traite des nègres. Wilbeforce obtient la parole, pour le 7 : & le 3 de ce même mois (15 pluviôfe), Duffay entre au fein de la convention nationale. Le lendemain, il propofe & fait décréter l'affranchiffement général des nègres.

Mais ce qu'il importe fur-tout de remarquer, c'eft que le 3 février (15 pluviôfe); c'eft-à-dire, la veille du jour que Duffay a fait à la convention nationale fon rapport fur les colonies, pour faire rendre, comme il l'a fait, le décret de manumiffion des nègres, Pitt difoit au parlement d'Angleterre : « l'on » verra fi une guerre navale peut fuffifam- » ment affecter un ennemi, qui non-feule- » ment a abandonné fes colonies & fon com- » merce; mais qui cherche même à les dé- » truire de fond en comble. »

Je ne chercherai pas à fcruter, par quelle magie Pitt a pu, le 3 février (15 pluviôfe) annoncer au parlement d'Angleterre, le décret que Duffay devoit propofer le lendemain à la convention nationale ; mais j'examinerai les réfultats de la propofition de Wilbeforce.

Le bill porté fur la motion de cet apôtre

de la philosophie anglaise, défend de faire la traite des nègres *pour d'autres colonies que celles de la Grande-Bretagne;* c'est-à-dire, qu'après avoir voyagé pendant six ou sept années autour de la suppression de la traite & de l'esclavage des nègres, le parlement d'Angleterre a consacré la traite & l'esclavage, lorsqu'il a su que la France avoit supprimé l'un & l'autre. L'ancien comité de salut public a voulu faire considérer l'amendement, qui défend de faire la traite pour d'autres colonies que celles de la Grande-Bretagne, comme un acheminement à la suppression de la traite, lorsqu'au contraire cette mesure ne peut avoir d'autre but que d'assurer à l'Angleterre, le monopole des colonies françaises & espagnoles ; je vais le démontrer.

La France n'a sur les côtes d'Affrique que quelques misérables comptoirs; mais pas une seule possession territoriale, si ce n'est la très-petite île, où plutôt le stérile rocher de Gorée : aussi payoit-elle ses nègres trente à quarante pour cent plus cher que les anglais, dont les comptoirs sont très-nombreux & très-bien fortifiés.

Malgré ces avantages l'Angleterre redoutoit, la concurrence de la France ; & plus d'une fois, elle a ruiné les fortifications que nous faifions autour de nos comptoirs, fur la côte d'Affrique.

Mais aujourd'hui fi la France n'abandonne un pays, qui lui eft inutile, l'Angleterre s'en emparera, fi elle n'aime mieux attendre que les rois de l'Affrique viennent eux-mêmes détruire des comptoirs, qui cefferont de remplir le but qu'ils s'étoient propofés : l'échange des marchandifes d'Europe contre les nègres, leurs prifonniers, leurs criminels ou leurs efclaves.

Alors l'Angleterre ne verra plus dans les marchés de l'Affrique, que les hollandais, peu ou point de danois, peu d'efpagnols, & prefque pas de portugais.

Les hollandais ne traitent pas affez de nègres pour leurs propres colonies. D'ailleurs, la Hollande d'aujourd'hui fera vraifemblablement réduite pour quelque temps à la pêche des harengs & à fon cabotage.

Les danois ont toujours été trop bornés dans ce commerce, pour le faire avec fuccès : auffi leur gouvernement ne le tolère que jufqu'à une époque très-rapprochée.

Les efpagnols ont, jufqu'à ce moment, peuplé leurs colonies de nègres, traités par les français & les anglais; ils n'ont jamais fait ni pu faire la traite directement avec les rois de l'Affrique.

Les portugais, qui avoient autrefois les plus riches ports de cette côte, font aujourd'hui fous l'influence des anglais, qui font exclufivement leur commerce.

D'après ces données parfaitement exactes, il eft bien démontré que les colonies françaifes & efpagnoles font placées entre la ceffation de leur profpérité & leur afferviffement à l'Angleterre; parce qu'il s'en faut de beaucoup que les naiffances des nègres remplacent les mortalités.

Cette difproportion entre les naiffances & les mortalités ne tient pas à l'adminiftration des nègres, comme l'ont prétendu les écrivains que l'Angleterre a toujours falariés, pour peindre les colons fous des couleurs odieufes; elle tient feulement aux proportions, qui font établies entre les hommes & les femmes. En effet, il eft rare qu'une cargaifon de traite foit compofée de plus d'un quart ou d'un cinquième de femmes; & ces femmes font rarement d'âge à pouvoir donner des enfans.

C'eft ainfi que l'Angleterre, en ne faifant la traite que pour fes propres colonies, les dominera toutes par le sentiment irrésistible de l'intérêt.

Le commerce fixe seul l'attention de l'Angleterre, la mer est son élément; elle veut l'asservir à sa puissance. Si ce sceptre lui échappe, elle n'est plus qu'un des plus misérable pays de l'Europe. Les affaires, du continent, ne sont pour elle que dans un ordre secondaire : aussi servant l'inertie du gouvernement espagnol, elle promène seule son pavillon sur la mer, & laisse les vaisseaux de ses alliés pourrir dans leurs arsénaux, de crainte que le génie de la navigation ne se ravive chez ces peuples, & ne produise des matelots & des officiers expérimentés. Les destinées de l'Europe commerçante, sont dans les mains de la France; si sa marine n'humilie la marine anglaise, le monde commerçant est pour long-temps asservi. Une escadre ne se recrute pas comme une armée; & le peuple qui acquiert une grande supériorité à la mer, ne peut la perdre que par un concours de grands évènemens.

Malgré tous nos succès sur le continent, l'attitude de l'Angleterre est toujours imposante; elle tient à sa solde presque tous les souverains de l'Allemagne; elle tient, sous sa protection, les colonies de Hollande &

du Portugal ; elle fait trembler l'Espagne pour les siennes ; elle a pris les nôtres & l'île de Corse. Nous avons, il est vrai, porté nos armes au sein de la Hollande ; plusieurs espéroient suppléer, par cette conquête, à la perte de nos colonies ; la Hollande, au contraire, ne nous présente que des marais insalubres, & le statouder en fuyant enrichit l'Angleterre de la marine militaire qu'il commandoit. Généralissime de toutes les forces de terre & de mer, il aura nécessairement pris les mesures convenables pour s'assurer la possession de toutes les colonies de la Hollande.

Nous ne pouvons ignorer que les élémens révolutionnaires, de cette contrée, étoient dans l'aristocratie du commerce, contre le despotisme de la maison d'Orange ; mais les partisans de cette maison, sont aujourd'hui d'autant plus nombreux que la ruine de notre commerce les épouvante davantage.

A peine avions nous menacé le territoire de la Hollande, que tous les négocians avoient fait passer leurs trésors à Londres, ou dans les villes Anséatiques. L'Angleterre enrichie de leurs capitaux & de l'émigration de la plupart d'entr'eux, va nécessairement donner à son commerce un nouveau développement, soit que le statouder rentre en Hollande, soit qu'il en foit banni pour toujours. S'il rentre en Hollande, fon épuifement, la reconnoiffance & le befoin de protection, contre le parti révolutionnaire, conferveront à l'Angleterre la plus grande influence. S'il n'y rentre pas, il ira s'établir dans quelque cercle de l'Empire; il ira, peut-être, s'établir à Batavia, & réalifer le projet généreux que les hollandais conçurent dans le temps de leur indépendance, pour échapper au defpotifme de Louis XIV. Banni de la Hollande, le ftatouder ira fixer fa réfidence dans ces beaux climats; alors encore l'Angleterre fera feule le commerce des poffeffions hollandaifes. Si le ftatouder ne refte pas en Hollande, s'il ne s'établit pas dans quelqu'une des colonies hollandaifes, l'Angleterre qui, depuis longtemps, s'eft emparée du Cap de Bonne-Efpérance, fous prétexte de le protéger, occupera les autres colonies hollandaifes; & le miniftre, dont le génie a fu boulverfer la France, anéantir notre commerce, dévafter nos colonies, détruire notre marine & notre population, écrafer, par nos mains, l'Efpagne, la Pruffe & l'Autriche, faccager la Pologne, & noyer la Hollande, toujours au nom de la philofophie, de la juftice & de l'humanité, aura néceffairement pris les mefures conve.

nables, pour rendre tous ces grands évènemens utiles à son pays.

Nous voyons avec plaisir les limites de notre territoire s'étendre devant nous : mais y trouverons-nous le sucre, le café, le cacao nécessaires à notre consommation ? Y trouverons-nous le sucre, le café le cacao que nous portions dans Italie, la Turquie, & la Baltique, en échange de leurs soies, de leur froment, de leurs huiles, de leurs cuivres, de leurs lainages, de leur étain, de leur bois de construction, &c. ? Y trouverons-nous le cotton que nous faisions préparer dans nos manufactures pour vêtir le peuple françois & les nations étrangères ? Y trouverrons-nous l'indigo, qui seul donne à nos étoffes, à nos toiles, ces belles teintes que rien ne peut suppléer ? Y trouverons-nous la cochenille, cette source première de toutes les belles couleurs, dont les espagnols nous vendoient pour dix-huit millions, & que mon ami Brulley a naturalisé à Saint-Dominque, après des recherches & des soins indicibles ?

L'Angleterre sait bien mieux que nous quelle est l'influence des colonies sur la destinée des peuples de l'Europe. Tels ont été les résultats de sa politique profonde, que la guerre que nous faifons à l'Europe ne fert qu'à lui en affurer le monopole.

Elle voit tous les peuples du continent s'entre-déchirer, s'épuifer d'hommes & d'argent. Si elle y prend quelque part active, ce n'eft que par quelques milliers d'anglais, d'écoffais, d'irlandois inquiets, dont elle fe dégage ; par quelques milliers d'allemands quelle achette, aux dépens de notre commerce & de nos colonies. Ses manufactures font-elles ruinées, fes villes démolies, fes efcadres, fes vaiffeaux détruits ? Non... Nous ne connoiffons notre état de guerre avec elle que par le bouleverfement de la Vendée, la ruine de Lyon, où nous avons affaffiné le génie des manufactures, l'annihillation du commerce national & de tous les élémens qui le conftituent, la prife de l'île de Corfe, la profcription ou l'affaffinat des colons, le bouleverfement des colonies, l'adoption de principes fubverfifs de tout ordre focial, de toute économie politique dans ces contrées, dont l'état eft tel que fi nous parvenons jamais à nous y établir, nous n'y trouverons que des terres incultes, des déferts, ou des nègres qui, à leur ignorance, ajouteront la férocité. Mais fi tant nous voulons civilifer des nègres, il n'eft pas befoin d'égorger les blancs qui les dirigent,

rigent : allons plutôt apoſtoler notre philoſophie ſur la côte d'Afrique ; & laiſſons le ſucre & le café croître dans les Antilles, pour alimenter notre commerce. Que la France borne ſes ſoins à s'aſſurer le produit de leur ſol & de leurs manufactures.

Mais les côtes d'Afrique ne font pas, dira-t-on, partie du territoire français. Jetez un coup-d'œil ſur la carte, & dites-moi ſi les Antilles font plus que les côtes d'Afrique partie du territoire françois ! Liſez l'hiſtoire des colonies, & vous verrez ſi elles furent jamais conquiſes ou achetées par la France ? Quelques centaines d'avanturiers anglais, hollandais, portugais, eſpagnols, français, ont conquis Saint-Domingue ſur l'Eſpagne. Libres au ſein de l'océan, les habitans de cette colonie ont bravé les tyrans de l'Europe, & Louis XIV lui-même reſpecta leur indépendance. Ils étoient loin de croire que leur poſtérité ſeroit un jour bannie de ces contrées, pour ſervir des factions ennemies de la proſpérité publique, ou pour ſatisfaire aux viſions inſenſées de quelques métaphyſiciens.

Mais les colonies ſeroient & devroient être partie intégrante & *conſtituante* de la France, je demande ſi l'eſſence d'un gouvernement n'eſt pas la conſervation de la ſociété ? Je de-

D

mande si la société ne doit pas repousser un gouvernement dont les principes portent nécessairement avec eux des élémens de dissolution ?

Français, & vous philosophes, qui respectez tant les droits de l'homme, étudiez les droits des peuples ; apprenez chez les anciens ce que c'est qu'une colonie ; demandez aux marseillois, si les phocéens leur envoyèrent jamais des commissaires civils pour les assujétir, sous peine de la vie, à leurs institutions, & pour partager leurs possessions à leurs esclaves ?

Voulez-vous laisser mourir de faim sur des plages étrangères dix mille familles françaises, recommandables par leur industrie ? Voulez-vous les laisser mourir de faim, parce que le commerce de France leur a vendu au nom, & sous la protection de la loi, des esclaves qu'il avoit lui-même arrachés au despotisme féroce de l'Afrique, & souvent à une mort certaine ?

Voulez-vous sacrifier des moyens certains de prospérité publique au système impraticable de la civilisation *actuelle* des nègres ?

Voulez-vous enrichir vos ennemis d'une colonie d'hommes actifs, courageux, fidèles aux principes & à la France, pour jeter dans les Antilles des professeurs de métaphysique ?

La vaste étendue de l'océan ne pourra-t-elle donc mettre ces malheureuses contrées à l'abri de votre manie révolutionnairement destructive ?

Si vous voulez former de nouvelles colonies, ne pouvez-vous le faire sans anéantir celles qui existent depuis deux siècles pour la prospérité de la France ? Les îles des mers du sud, les continens d'Afrique & d'Amérique ne fournissent-ils pas des champs assez vastes, pour essayer d'un nouveau mode de cultiver la terre des Tropiques ?

Pourquoi n'envoyez-vous pas civiliser les hordes sauvages qui errent dans les déserts de l'Afrique ? Seroit-ce parce que vous croyez les nègres des Antilles plus près de la sociabilité ? Mais l'esclavage des Antilles est donc utile au nègre, puisqu'il le rapproche de l'état de société ! Et vous égorgez, ou tout au moins vous condamnez à l'exil, les colons qui ont rendu ce service à l'humanité, en même temps qu'ils vous élevoient au faîte de la prospérité commerciale ? Pour forcer les colons à se jeter dans son système, l'Angleterre avoit encore besoin de ce nouvel attentat ! . . . .

Mais les nègres des Antilles françaises ne sont pas les seuls sur lesquels se repose l'œil vigilant de la philosophie anglaise ; son attention se porte aussi sur ceux des Etats-Unis. J'examinerai quelle influence peut avoir, dans cette nouvelle république, le ministre étonnant qui dirige le cabinet britannique.

L'ex-ambassadeur Genet avoit été chargé de négocier avec le congrès américain un nouveau traité d'alliance & de commerce, en vertu duquel les colonies françaises devoient demeurer sous la protection & la garantie des Etats-Unis. Il devoit offrir aux américains, en indemnité & dédommagement, le commerce franc & libre avec nos colonies.

Au premier coup d'œil ce système semble concilier l'intérêt des deux peuples. Il devoit séduire tous ceux qui n'auroient pas eu des notions suffisantes, pour en approfondir toute la perfidie. C'est ainsi que les agens de l'Angleterre ont toujours servi leurs intérêts & ceux de cette puissance ennemie, soit en déguisant leurs projets sous les dehors brillans ou philosophiques d'une grande mesure de gouvernement, soit en proposant, dans des temps incommodes, les mesures les plus grandes & les plus importantes.

Pour juger de la perfidie du projet dont l'exécution étoit confiée à Genet, il faut examiner les rapports de l'Angleterre avec les Etats-unis.

Les états qui constituent la république américaine ont des intérêts différens : leurs mœurs, leur existance sociale & politique sont en raison de ces intérêts. Mais toutes ces nuances se réduisent à deux divisions principales : les états du nord où l'on ne trouve que très-peu, infiniment peu de nègres. Ces nègres sont libres, mais livrés à leur inintelligence, ils vivent dans la misère & le malheur, semblables à ces plantes exotiques qui ne prospèrent que sous la main des jardiniers, & qui, livrées à elles-mêmes, végètent tristement, & meurent sans se reproduire. A côté sont les états du midi, où l'on compte presque autant de nègres que l'on en trouveroit dans toutes les colonies françaises. (L'à les nègres sont esclaves.)

Le gouvernement & les habitans des Etats-unis sont divisés en deux partis bien prononcés, les amis de la constitution fédérale, & les partisans de la maison d'Hanovre. Wasingthon plane sur tous ces intérêts.

Cependant le gouvernement anglais sent bien qu'il ne pourroit dominer les habitans des Etats-Unis, s'il ne prenoit ses moyens dans les élémens même de leur gouvernement.

Le gouvernement américain laisse aux citoyens la liberté indéfinie des opinions religieuses & politiques. Deux sectes (les méthodistes & les quakers) que l'Angleterre alimente par ses agens, y prêchent sans cesse l'affranchissement des nègres ; & les premières séances de chaque cession du congrès sont toujours marquées par quelques propositions de cette nature.

Lorsque les Etat-Unis formèrent le pacte constitutionnel de 1787, il fut convenu que l'immigration, c'est-à-dire, la traite des nègres, n'auroit lieu que jusqu'en 1808. Les états du midi, craignant d'un côté les incursions des sauvages de l'ouest, d'autre côté la révolte de leurs esclaves, se soumirent à cette loi & consentirent le pacte constitutionnel : 1°. parce qu'ils trouvoient dans leur aggrégation aux autres co-états une protection contre ces deux causes de dissolution ; 2°. parce que l'époque de la cessation de l'immigration étoit assez éloignée, pour qu'ils pussent avant ce terme, avoir pris des mesures convenables à leurs intérêts.

Le gouvernement d'Angleterre a paralysé ce calcul politique, en jetant, au milieu d'eux, les prêcheurs de philantropie qui, d'accord avec la faction royaliste, viennent d'obtenir, du congrès, une loi, qui restreint, à une durée de dix-huit mois, la traite permife par la loi jufqu'en 1808. L'Angleterre fait bien que cet acte doit arrêter la profpérité des états du midi, & faire trembler tous les propriétaires d'efclaves. L'Angleterre fait que cette loi doit porter parmi eux un ferment de révolution ou d'émigration utiles à fon fyftême.

Au milieu de tous ces intérêts ; Genet paroiffoit armé de fon projet d'ailliance. Il devoit donner l'impulfion à ces grands événemens.

Le projet de Genet plaçoit le gouvernement américain entre la perte de la confiance du peuple ou fa rupture avec l'Angleterre. En effet, le gouvernement américain refufoit-il le pacte d'alliance ? Le peuple qui voit avant tout fon commerce, lui auroit imputé à crime de ne pas avoir accepté un traité que chacun, aveuglé par fon intérêt individuel, auroit cru important pour la fortune publique. Le gouvernement acceptoit-il l'alliance propofée ? Il fe mettoit en état de guerre avec l'Angleterre, parce que la protection qu'il fe feroit obligé de porter aux colonies françaifes auroit exigé le développement de fes forces militaires & fa rupture avec l'Angleterre. Cet état feroit celui de l'Amérique du nord, fi jufqu'à ce moment Wafingfthon n'avoit déjoué cette intrigue.

A ces premiers moyens Genet ajoutoit l'audace & la violence. A l'abri de son caractère politique, il insultoit à toutes les autorités constituées & à Wasingthon lui-même. Il formoit des corporations liberticides & le triomphe de l'Angleterre étoit assuré, si Wasingthon n'avoit eu la confiance du peuple.

Si le projet d'alliance présenté par Genet devoit bouleverser l'Amérique, il auroit mécontenté toutes les places de commerce de France, affamé le peuple, & jeté les colonies dans le système anglais. Comment? 1.° parce que l'acte, qui auroit livré le commerce de nos colonies aux américains, auroit nécessairement mécontenté les négocians français, qui auroient vu passer aux Etats-unis tous leurs moyens de fortune? 2.° Les Etats-unis perdant leur neutralité, nous n'aurions pu être approvisionnés que par le Dannemarck & la Suède : or si, malgré la neutralité du pavillon américain, nous avons éprouvé les horreurs de la disette, que seroit devenu le peuple français, sans ce moyen d'approvisionnement? La même cause auroit déterminé l'asservissement de nos colonies. D'ailleurs quelle protection l'Amérique du nord, auroit-elle pu porter à nos colonies? Nous savons bien que pour défendre son territoire, elle peut lever une armée : alors chacun eſt ſoldat : mais ſa population ne lui permet pas de ſe livrer à une guerre étrangère.

Il ne faut pas perdre de vue que depuis long-temps la faction anglaiſe a conſtamment occupé le miniſtère de France près les Etats-unis. Si l'individu démaſqué devient ſuſpect, il eſt remplacé par un autre agent de la faction ; de manière qu'en changeant les perſonnes on conſerve toujours le même ſyſtême.

Genet avoit ajouté à ſes manœuvres diplomatiques deux conjurations que le gouvernement américain a découvertes, & que la faction a étouffées avec ſoin. 1.° Il avoit organiſé une révolte d'eſclaves dans les états du midi. 2.° il préparoit des hoſtilités contre les poſſeſſions eſpagnoles, par la rivière de Lohio : des français & des américains ſervoient ce double projet. Pluſieurs de ſes agens, ſignalés par une proclamation du général Arthur Saint-Clair, gouverneur du territoire des Etats-Unis au nord de Lohio, à la date du 17 décembre 1793, ſont préſentement à Paris, oui à Paris. . . . . pluſieurs d'entreux avoient été à Saint-Domingue les agens de Polverel & de Sonthonax.

Le gouvernement anglais a ſur nous l'avantage de tenir le fil de toutes les intrigues, &

de calculer tous ses moyens. C'est sur-tout par leur multiplicité qu'il s'assure quelque succès, parce que ne voulant que désorganisation & dissolution de tout système social & politique hors de chez lui, tout ce qui n'est pas ordre chez autrui sert ses intérêts.

C'est ainsi que, par l'entremise de Genet, il préparoit la révolte des esclaves des états du midi de l'Amérique du nord ; pendant que, par l'entremise des quakers, des méthodistes & des agens de sa faction, il faisoit décréter, par le congrès, la suppression de la traite dans vingt-deux mois.

C'est ainsi que, par l'entremise de ce même Genet, il vouloit faire insulter les possessions espagnoles, par quelques bandits répandus sur le territoire des Etats-unis.

Dans le premier cas, il forçoit les Etats du midi à implorer sa protection, & tout au moins, il les jetoit dans les horreurs d'une guerre, qui, si elle n'eût pas changé leur gouvernement, auroit arrêté & peut-être anéanti tous leurs moyens de prospérité.

Dans le second cas, il engageoit les Etats-unis dans une guerre, dont les résultats pouvoient devenir d'autant plus fâcheux, qu'ils auroient été aggravés par le développement des intrigues & des passions que ce nouvel ordre de choses auroit pu faire éclore.

Enfin, les agens de Genet avoient une mission telle que ses effets devoient être autant fâcheux pour l'Espagne que pour les Etats-unis : ils étoient chargés de porter aux habitans de la Louisiane, le desir d'une révolution ou l'espérance d'une protection efficace de la part du gouvernement français. L'Angleterre n'ignore pas que les louisianois, dont plusieurs sont nés français, ou d'origine française, souffrent impatiemment le joug des espagnols. Toujours vaste dans ses projets, Pitt a dû se dire : si je mets les espagnols aux prises avec les Etats-unis, j'arrête d'autant la prospérité de ces deux Etats. De cet état de guerre, à une ligue offensive & défensive, entre les Etats-unis & la France, il n'y a pas loin, & j'enlève aux Etats-unis une neutralité, à la faveur de laquelle ils font le commerce du monde; une neutralité, à la faveur de laquelle la France fait tous ses approvisionnemens. Si pour provoquer cette guerre, j'employe des français, je rends cette nation d'autant plus odieuse.

Enfin, si je mets la Louisiane en révolution, j'étends mon commerce dans cette partie de l'Amérique, que l'Angleterre seule peut protéger contre les efforts de l'Espagne.

Depuis long-temps le Mexique est fatigué de recevoir ses fonctionnaires publics des mains de l'Espagne. Depuis plus de douze années, ce superbe pays auroit séparé ses destinées du cabinet de Madrid, si dom Galvès n'avoit été gagné de vîtesse par le poison. Mais l'Espagne ne conservera pas encore long-temps cette magnifique colonie; & l'Angleterre qui, depuis un siècle, a développé toutes les ressources de l'audace & de l'intrigue, pour y faire quelque opération de commerce, ne cherche qu'à porter dans ces contrées une révolution, qui, en les séparant de l'Espagne, la mettra en mesure d'y porter son industrieuse activité. Les insultes que Genet méditoit contre la Louisiane, pouvoient devenir une des causes agentes de cette révolution : parce qu'il n'est pas possible que le Mexique n'eût profité de quelqu'une des circonstances que cette guerre auroit fait naître.

Vous voulez donc, me dira-t-on, que dans sa fole ambition l'Angleterre embrasse la domination universelle?

Je n'examinerai pas si, quand à la France, elle se propose autre chose que l'anéantissement de son commerce & de tout moyen de prospérité publique.

Je n'examinerai pas si, en faisant inquiéter

dans les Etats-unis, & par le congrès lui-même, les propriétaires d'esclaves, elle ne voudroit pas forcer ces Etats à se séparer de ceux du nord, ou si seulement elle voudroit faire émigrer dans les colonies qu'elle a conquises sur la France, les propriétaires avec leurs esclaves, afin d'y naturaliser son idiôme, ses mœurs, &c. Enfin, je n'examinerai pas si, en secouant toutes ces passions, elle ne voudroit pas placer aux Etats-unis, quelques fils de la maison d'Hanovre.

Mais ce qu'il y a de certain, c'est que le dernier traité conclu à Londres avec le plénipotentiaire des Etats-unis, recèle les germes de grands évènemens. Les dispositions qu'il renferme sont telles, qu'à l'époque à laquelle expirera la présidence de Wasingsthon, est celle-là même à laquelle échoit la cessation de l'*immigration*; l'examen de la question de savoir si pavillon ami neutralise marchandise ennemie; & la remise à faire par le roi d'Angleterre, des forts de la frontière du nord. Wasingsthon, qui comprime, en ce moment, la faction anglaise, est à sa deuxième présidence; & les deux factions, qui divisent le pleuple & le gouvernement, se partageront alors entre Clinton, l'hanovrien, & Jefferson le patriote. C'est dans cet état de crise que se développeront les grandes circonstances, dont il vient d'être question.

Il n'est pas possible, dira-t-on, que, d'après un tel système, l'Angleterre ne tremble pour sa propre liberté ?

Quoiqu'il faille bien distinguer l'intérêt du roi de celui de la nation, encore est-il vrai que Pitt, en travaillant à la splendeur de la maison d'Hanovre, n'oublie pas les intérêts de l'Angleterre, dont il heurtera, le moins possible, les droits & les préjugés. L'Angleterre aura seule une grande marine ; elle fera seule le commerce du monde : que lui reste-t-il à désirer !

Anéantir le commerce & la marine de France; énerver l'Europe par une guerre à laquelle l'Angleterre ne concourt que par quelques milliers de troupes étrangères, ou par quelques irlandais inquiets, & dont cependant elle dirige toutes les opérations, par l'or que lui fournissent la ruine de notre commerce & l'agrandissement du sien; bouleverser nos colonies; désorganiser l'Amérique du nord; détacher les possessions espagnoles de leur métropole, & se saisir de leur commerce ; s'emparer du commerce de la Hollande ; chasser les français de l'Asie, tel est le vaste plan d'un ministre qui a su porter la convention nationale, à déclarer la guerre à toute l'Europe; d'un miniſtre qui a ſu nationaliſer cette guerre, par le décret barbare qui ordonne de maſſacrer tous les priſonniers anglais; d'un miniſtre qui a ſu affamer la France, par un acte de navigation, par les *maximum*, les réquiſitions, la loi ſur les accaparemens, & le déſſéchement des marais, dans un temps où les deux tiers du territoire de la France étoient incultes, faute de moyens de culture; d'un miniſtre qui, le 13 pluviôſe, a annoncé au parlement d'Angleterre, que la convention nationale alloit, le 16 du même mois, bouleverſer ſes colonies, en décrétant la liberté des nègres; d'un miniſtre, enfin, qui a ſu ſe faire vouer à l'exécration publique par un décret. Ce décret, gravé ſur la tombe de ce miniſtre, ſera le plus beau monument que l'Angleterre puiſſe lui élever..... &c, &c, &c.

Les idées ſommaires que je viens de préſenter ſur les rapports de l'Angleterre, avec la France & les colonies françaiſes, peuvent paroître haſardées: mais leur diſcuſſion motivée ſur un nombre infini d'actes, de faits, ſur le rapprochement des temps & de mille circonſtances, dont le développement ne peut entrer dans le cadre que je me ſuis donné, démontre mathématiquement leur exactitude,

Cependant ne les confidérons que comme des jalons jettés au hafard; & dans ce moment où le gouvernement paroît s'occuper des colonies, écartons, s'il eft poffible, l'examen des caufes premières de leur diffolution : mais jettons un coup-d'œil fur leur fituation actuelle, & fur les mefures adoptées pour les organifer.

DE la fituation actuelle des colonies & des moyens adoptés pour les organifer.

JE ne parlerai pas de nos poffeffions d'Afie; elles font perdues, & nous fommes chaffés, pour bien long-temps, de ces contrées : à moins que nous n'ayons le bon efprit de nous conferver les îles de France & de la Réunion, où nous pouvons attacher le fil électrique, qui, tôt ou tard, ira bouleverfer la domination angloife dans le Bengale. Mais il faut pour cela que les bons efprits de la convention, parlent le langage de la raifon à ces enthoufiaftes, à ces philofophes qui facrifieroient la fociété entière à leurs opinions infenfées; il faut qu'ils fignalent ces propagandiftes, qui, réunis en fociété des amis des noirs, ont,

pour

pour la plus grande gloire de la maison d'Hanovre ou pour la propagation de la liberté & de l'égalité, saintement, prêché, aux nègres, la révolte & l'assassinat. Il faut, enfin, ne pas placer ces colonies entre leur dissolution & la nécessité de recevoir les anglais, qu'elles ont déjà repoussé en même temps qu'elles emprisonnoient les porteurs du décret assassin, du 16 pluviôse.

Si nous remontons vers l'Amérique : nous trouverons Cayenne & la Guyanne française, dans un état de désorganisation complette. Depuis quelque temps cette colonie s'étoit enrichie de la culture des épiceries, que les hollandais seuls avoient, jusqu'alors, fournies à l'Europe. Après avoir long-temps langui, malgré les secours que lui prodigua toujours le gouvernement, elle alloit enfin s'élever à un haut degré de prospérité, & enrichir la France d'une nouvelle branche de commerce. La loi du 16 pluviôse arrive ; & cette colonie n'est plus ! les colons qui n'ont pas été égorgés, ont été contraints de fuir dans les colonies hollandaises, ou dans l'Amérique du nord.

Eh bien, nous dira froidement quelque disciple de Wilberforce : «tant mieux, la liberté
» prospérera dans ces contrées, puisque ceux
» qui n'ont pu en soutenir l'aspect, ont aban-

E

» donné une terre qu'ils fouilloient de leur
» préfence. » Il dira : & mille imbécilles
applaudiront à la fainte ftoïcité du philofophe!
Mais le citoyen Breard, qui, lui auffi eft un
philofophe, a dit, un jour à la convention
nationale, que la fainte loi, du 16 pluviôfe,
avoit été acceptée & exécutée, loyalement, à
Cayenne & Guyanne françaife ; que les colons
s'étoient empreffés de brifer les fers de leurs
nègres, & de leur donner le tiers de leurs
revenus ; qu'ils vivoient tous pêle-mêle dans
une égalité & une fraternité dignes des plus
grands éloges : mention honorable & infer-
tion au bulletin ont été décrétées : donc rien
n'eft plus vrai que l'obéiffance & la foumiffion
des colons de Cayenne & Guyanne françaife.
Mais ce qui n'eft pas moins vrai, c'eft que la
récolte des épiceries a été prefque nulle ; pas
un feul nègre n'a voulu y concourir ; &
cependant ce travail eft de toutes les cultures
de l'Amérique, le plus facile & le moins
pénible. Les foldats de la garnifon y ont feuls
concouru : mais le prix qu'ils mettoient à leur
travail a tellement abforbé la valeur de la
récolte, que les colons ont été forcés d'en
faire l'abandon. Bientôt, l'oifiveté a produit
chez le nègre, l'effet qu'elle doit produire
chez tous les hommes, fur-tout quand ils ne

font pas civilifés, les pillages, les incendies, les aſſaſſinats; & les colons ſont allés porter leur induſtrie ailleurs.

Lorſque pour ſe défendre, les habitans de la Martinique, réfugiés au fort de la République, voulurent armer & révolter leurs nègres, le général anglais leur ſignifia qu'ils feroient tous paſſés au fil de l'épée, s'ils uſoient de ce moyen extrême. Cette circonſtance bien connue, nous indique aſſez l'importance que l'Angleterre attache à cette colonie. Auſſi eſt-elle dans le meilleur état poſſible. Ce n'eſt pas là que l'ancien comité de ſalut public a porté ſes profeſſeurs révolutionnaires & la loi du 16 pluviôſe, mais bien à la Guadeloupe.

Nous avons vu que la Guadeloupe a été deſtinée, par les anglais, à ſervir d'exemple aux Antilles françaiſes du vent. La guillotine du commiſſaire national civil y a nivellé toutes les têtes des colons, au nom de la république & de l'humanité. L'arbre de la liberté, arroſé de leur ſang, couvre de ſes rameaux toute cette colonie. Deux cents mille brigands végètent à ſon ombre; ils feront là ce que font ceux, qui, depuis un ſiècle & demi, ſe ſont mêlés aux caraïbes de Saint-Vincent & de Saint-Chriſtophe : à moins que l'Anglęterre ne faſſe relever les miſſionnaires de la France, par quelques compagnies de grenadiers.

On me demandera peut-être ce que font ces caraïbes de Saint-Vincent & Saint-Criſtophe. Depuis deux ſiècles, ils fréquentent les français & les anglais; ils vivent au milieu d'eux; ils mangent les végétaux que la nature produit ſpontanément ſous les Tropiques; ils boivent de l'eau, ou le réſultat de la fermentation de quelques végétaux; ils fument, ils dorment. . . . . . . Voilà un exemple à citer aux amis des noirs.

Je ne parlerai pas des petites Antilles du vent, de Sainte-Lucie, &c. . . . . . L'Angleterre les connoît aſſez pour nous les laiſſer par accommodement; & la France les connoît aſſez peu pour y mettre une grande importance. Cependant elles ſont, pour le moment, ſous la domination de l'Angleterre & de l'Eſpagne.

Reſte la colonie de Saint-Domingue. Là, les *républicains* ont, dit-on, réconquis, à la France, toutes les poſſeſſions que la *trahiſon des colons* avoit livrées à l'Angleterre.

J'ai déjà dit que chacun des évènemens qui ſe ſont paſſés dans cette colonie, eſt un problême, dont la ſolution explique une conjuration. Rien n'eſt plus vrai ; & ce qui s'y paſſe aujourd'hui, eſt une conſéquence de ce qui s'y paſſoit en 1791. Mais le développement de cette grande intrigue, exigeroit une longue hiſtoire. Mon ami Bruley & moi en avons jetté les élémens dans nos divers ouvrages, que chacune des factions a conſidérés comme les fruits de la paſſion ou de l'eſprit de parti, par celle même qu'ils ne ſervoient les paſſions d'aucun parti.

Les royaliſtes ont cru Blanchelande le meilleur des hommes, parce que Blanchelande étoit royaliſte : mais avant de fixer leur opinion ils auroient dû s'informer ſi Blanchelande étoit royaliſte dans le ſens de Bourbon, ou dans le ſens d'Hanovre. Cette queſtion première réſolue, il auroit fallu ſavoir ſi Blanchelande devoit ſacrifier, à ſon opinion, la colonie qu'il commandoit. Blanchelande n'a pas mérité l'échafaud, parce qu'il étoit royaliſte : car nul n'eſt comptable de ſes opinions ; mais il a mérité l'échafaud, parce qu'il a fait révolter nos nègres, incendier nos habitations, égorger nos familles.

Les philantropes, les enthouſiaſtes, les hommes irréfléchis, qui ont vu, de leurs yeux, les payſans de la Vendée ſe battre pour leur roi, pour leurs prêtres & leurs ſeigneurs, ne peuvent pas croire que les mulâtres & les nègres ayent été, dans les colonies, ce que les payfans de la Vendée ont été en France, c'eft-à-dire, les inftrumens des hommes qui ne vouloient pas de révolution. Ils favent bien que Carrier faifoit fes exploits révolutionnaires à l'aide d'une bande de nègres & mulâtres commandés par Pinard. Ils favent bien que les nègres & mulâtres, égorgeoient les vieillards, les enfans de la Vendée, & s'entre-vendoient, comme efclaves, les femmes qu'ils avoient trouvées affez jolies, pour affouvir fur elles leur brutalité; mais vous ne leur perfuaderez pas qu'à Saint-Domingue leurs pareils aient commis de femblables attrocités. Là, fuivant eux, les nègres étoient les révolutionnaires par excellence; là, les mulâtres & les nègres ont donné aux colons de grands exemples d'humanité, de philofophie & de patriotifme.

Je ne traiterai donc ici aucune queftion de controverfe. Je laifferai les uns avec Blanchelande, les autres avec leurs nègres & leurs mulâtres. Je n'examinerai pas pourquoi & comment tous les quartiers de la colonie, excepté la Mole & Jérémie, ont été livrés aux anglais par les mulâtres. Je n'examinerai pas fi ceux qui dirigent les nègres & les mulâtres, rangés fous le pavillon tricolore, font de bonne foi. Je n'examinerai pas fi les anglais font eux-mêmes de bonne-foi dans la protection qu'ils accordent à cette colonie, quoiqu'il foit à-peu-près démontré qu'ils la foutiennent comme une corde foutient un pendu. Mais on auroit tort de croire que M. Pitt ait fitôt oublié que les colons attachés à la France n'ont jamais voulu fe rendre aux invitations & proclamations qui leur ont été faites au nom du roi d'Angleterre. On auroit tort de croire que ce miniftre ait oublié que les colons royaliftes fe font pâmés d'aife quand ils ont vu *monfieur*, foi-difant régent de France, envoyer, au colon Lopinot, le brevet de gouverneur de la partie françaife de Saint-Domingue, pour le roi Louis XVII. Enfin on auroit tort de croire que ce miniftre puiffe oublier que les colons n'ont reçu les troupes britanniques qu'à titre de protection. Les colons doivent placer dans le cœur de M. Pitt l'idée atroce exprimée par le commandant efpagnol de Montechrift, qui, contemplant tous les français égorgés aux fort Dauphin, répondit à l'officier qui lui demandoit s'il ne falloit pas établir quelque différence dans la manière d'enfevelir les royaliftes & les démocrates : « Deux français contre-révolution-

» naires, deux français royalistes, deux fran-
» çais républicains, font, dit-il, six français
» de moins ».

Les colons ne doivent pas se méprendre sur la catastrophe de Léogane ; elle fait le pendant du massacre du fort Dauphin : seulement les anglais y ont mis plus d'adresse.

Les espagnols avoient fait égorger sous leurs yeux, au milieu d'une place publique, & par les nègres armés autrefois par Blanchelande, au nom du roi de France, & combattant alors pour celui d'Espagne, tous les colons réfugiés au fort Dauphin. Les anglais, plus adroits dans leur perfidie, ont évacué Léogane sous des prétextes vagues, se sont repliés sur le Port-au-Prince, & les nègres & mulâtres, comandés par Rigaut, sont venus massacrer tous les colons, piller, incendier la ville & les campagnes.

Je n'en dirai pas davantage sur la situation actuelle de Saint-Domingue, pour ne pas alarmer ceux d'entre les colons qui se reposent encore sur la protection de l'Angleterre (1).

───────────

(1) Au moment où cet ouvrage est sous presse, arrive de Saint-Domingue la corvette la Musette. D'après son rapport, il paroît que les anglais sont chassés de toutes les campagnes de cette colonie, & resserrés dans quelque poste militaire. Il paroît que les nègres sont rentrés

Cependant deux caufes concourent également à la diffolution de leurs propriétés.

dans l'ordre, pour travailler fur leurs habitations refpectives. Il paroît, enfin, que la ville du Cap regorge de denrées coloniales & d'approvifionnemens de bouche.

D'après d'autres relations, il paroît que les anglais occupent encore Saint-Marc, le Port-au-Prince, Jérémie, le Mole; les efpagnols occupent le fort Dauphin & quartiers adjacens, & la feule différence qui paroît fe trouver entre la fituation préfente & la fituation paffée des anglais, dans cette colonie, gît en ce que le marquis de Montalembert, d'abord lié aux anglais, s'eft féparé de leurs intérêts, & campe dans la plaine du Cul-de-fac, depuis qu'il s'eft apperçu que les anglais ne vouloient que la diffolution de la colonie. Ces mêmes relations préfentent les nègres livrés au brigandage, à la rapine, à la dévaftation, à l'affaffinat par-tout où les agens de la république peuvent promener le pavillon national. Ces relations confirment les exactions des anglais & les contributions qu'ils exigent en échange de la protection qu'ils femblent accorder à la colonie. Elles confirment le maffacre ou la déportation, aux mines, des mulâtres dont les anglais fe débarraffent aujourd'hui, comme ils s'étoient débarraffés des colons: parce que les mulâtres font un peu moins ftupides que les nègres.

Ces relations s'accordent parfaitement avec celles fournies au gouvernement d'Angleterre, qui, d'après les dernières nouvelles, paroît avoir étendu fa domination dans la partie du fud de Saint-Domingue, par la défection d'une partie des nègres, compofant l'armée.

Premièrement, l'Angleterre qui, pour laisser égorger par les nègres les colons

républicaine du mulâtre assassin Rigaud. Ces nègres ont méconnu le décret *bienfaisant* du 16 pluviose, & loin de combattre pour la république & la liberté, ils ont, encore une fois, *comme les paysans de la Vendée*, tourné leurs armes contre leur mère-patrie & la convention qui les avoit régénérés. Cette révolte a eu lieu à Tiburon, & le *républicain* Rigaud a été mené battant jusques dans la ville des Cayes.

Jusqu'à quand le gouvernement de France sera-t-il le jouet & la dupe de l'intrigue & du mensonge?... Ne voit-il pas que les nouvelles qu'on lui apporte de Saint-Domingue ont été rédigées à Paris par la faction, qui, après avoir bouleversé les colonies, a besoin de cette intrigue pour consommer son ouvrage & arracher au supplice ses principaux agens?

Dans quel temps est partie cette corvette chargée de recueillir les renseignemens fournis au gouvernement? Lorsque Sonthonax, Dufay & sa faction exerçoient la toute-puissance dans le gouvernement sous les auspices de Thuriot, &c.

Quel homme a été chargé d'aller prendre ces renseignemens? C'est Bolos, lieutenant-colonel du régiment d'Artois; Bolos, le complice de Polverel & Sonthonax; Bolos, un des principaux égorgeurs de S. Domingue, & duquel Dufay & ses dignes collègues ont invoqué le témoignage dans leur compte rendu.

Comment se fait-il que le ministre d'Albarade ait écarté du gouvernement, pendant un mois, le rapport blancs & mulâtres, évacuera cette colonie (1).

Secondement, l'expédition qui se prépare

d'un autre homme envoyé par lui à Saint-Domingue : mais dont la relation, conforme à la vérité, bouleverseroit tout le système de la faction ?

Citoyens, nous sommes tous les dupes du ministre de l'Angleterre, qui seul en Europe a un système calculé, qui seul en Europe dirige & crée, quand il le faut, les événemens, par lesquels les autres gouvernemens sont forcés de se laisser emporter. Ce ministre dirige sur-tout les affaires des colonies : parce que c'est la partie à laquelle il porte le plus d'intérêt, & que la France néglige le plus.

(1) Les ennemis des colonies, ou plutôt les agens de l'Angleterre, ont disséminé dans les Antilles les germes de leur destruction, comme suit :

A la Martinique & autres îles du Vent, les négocians étoient les amis de la révolution : les planteurs lui étoient contraires, le gouvernement les avoit mis dans ses intérêts ; & leur parti s'étoit grossi par les mulâtres & nègres libres.

A Saint-Domingue, le système de désorganisation étoit différent ; les élémens y étoient plus diversement combinés. En 1789 & 1790, les agitateurs mirent les négocians en opposition aux planteurs, en faisant croire aux premiers que ceux-ci vouloient l'indépendance de leur pays, pour ne pas payer leurs dettes. Les résultats de cette calomnie furent affreux.... Premier ferment.

En 1790 & 1791, de nouvelles haines ajoutèrent à celles-ci : le gouvernement arma ses partisans contre

en France pour aller apostoler à Saint-Domingue la même religion que Barrère envoya prêcher à la Guadelope. « Nous sommes
» persécutés, disoit Collot-d'Herbois à la

les amis de la révolution. Les commerçans & les planteurs se partagèrent dans cette lutte... Second ferment.

En 1791 & 1792, le gouvernement & ses partisans armèrent les mulâtres & nègres libres, les mulâtres & nègres esclaves : ce renfort leur étoit nécessaire. De-là les incendies des habitations, les assassinats des blancs.

En 1792 & 1793, Polverel & Sonthonax suivirent le même système, avec cette seule différence que jusqu'alors le cabinet des Tuileries avoit dirigé en chef les premières opérations : l'Angleterre ne faisoit que seconder ces grands événemens. Mais Polverel & Sonthonax, agens directs de la maison d'Hanovre, allèrent droit au but : ils firent égorger les blancs par les mulâtres. Ceux qui échappèrent à leurs assassins furent persécutés aux Etats-Unis comme en France : les royalistes furent cependant moins maltraités, parce que la maison d'Hanovre espéroit les fixer plus facilement que les autres dans ses intérêts... Troisième ferment.

Mais les mulâtres & nègres libres, quoiqu'infiniment moins intelligens que les blancs, avoient cependant quelqu'industrie. L'Angleterre les fait égorger aujourd'hui par les nègres. Plusieurs ont été portés aux mines par les espagnols. Il n'en reste presque pas de l'espèce. Les scélérats ont enfin expié les forfaits inouis dont ils se sont rendus & se rendent encore coupables !

» tribune. Savez-vous pourquoi ? Parce que
» nous avons humilié les rois & porté la li-
» berté à nos frères les nègres & hommes de
» couleur de l'Amérique ».

Je ne defcendrai pas dans les détails de cette expédition ; je ne parlerai pas des intrigues ourdies pour tromper la convention, le comité de gouvernement & le peuple.

Je n'examinerai pas fi l'homme d'état ne doit pas verfer des larmes de fang lorfqu'il voit la deftinée des colonies, ce premier, ce feul mobile de la profpérité de la France, confiée à des hommes dont toutes les efpérances repofent fur des fpéculations philofophiques.

Je n'examinerai pas s'il peut refter quelqu'efpérance aux colons, lorfqu'ils fe voyent repouffés de leur patrie, lorfqu'ils entendent les dictateurs envoyés dans leur pays déclarer qu'ils ne veulent autour d'eux aucun colon blanc propriétaire, qu'ils ne les recevront, même à Saint-Domingue, qu'après la pacification des colonies. Ne fe croiroit-on pas encore tranfporté dans les temps de vendalifme, de diffolution & de deuil que Robefpierre & la faction anglaife ont marqué par la misère, la profcription & l'affaffinat ? . . . .

Je n'examinerai pas s'il peut refter quelqu'espérance aux colons, lorsqu'ils voyent les assassins de leurs parens, les incendiaires, les spoliateurs de leurs possessions, les satellites de Polverel, de Sonthonax, blancs, nègres, mulâtres, composer cette expédition, & porter avec eux quelques milliers de fusils pour armer des nègres encore plus féroce qu'eux......... La révolte des jacobins, la révolte du faubourg égaré de Saint-Antoine, n'a-t-elle pas assez appris au gouvernement combien il est dangereux d'armer des hommes que des agitateurs peuvent si facilement égarer, sur-tout lorsqu'ils ont un intérêt inverse de la société?....

Je n'examinerai pas s'il peut rester encore quelque espérance aux colons quand ils voyent la convention envoyer trois de ses membres donner un gouvernement aux colonies, lorsqu'elle-même n'a pas donné de gouvernement à la France.

Je n'examinerai pas quelle confiance les blancs peuvent porter à trois représentans du peuple qui s'agitent dans tous les sens, pour faire accélérer leur départ de France, dans un temps où la convention annonce des intentions & des mesures telles, que, peut-être, leurs pouvoirs cesseront avant leur arrivée à Saint-Domingue.

Je n'examinerai pas quelle peuvent être les vues particulières de ceux qui ne veulent pas amener à Saint-Domingue ni colons blancs, ni troupes de ligne, ni gardes nationales de France, mais seulement des nègres & des mulâtres ou quelques avanturiers qui n'ont d'autre intérêts dans ces contrées que l'espoir de la rapine.

Je me bornerai à soumettre aux hommes d'état quelques questions élémentaires.

QUESTIONS élémentaires sur les colonies.

Les colonies seront-elles organisées & administrées comme les départemens de la France?

Auront-elles une administration collective?

Chacune aura-t-elle une administration particulière?

Pour résoudre ces problêmes, faut-il connoître la position géographique de chaque colonie, leurs surfaces, leur climat, leur population? Les trois commissaires, destinés pour ces contrées, ont-ils ces connoissances? S'ils ne les ont pas, comment les suppléeront-ils? Si Rousseau, qui n'étoit cependant pas une bête, disoit qu'il auroit besoin d'habiter pendant neuf années, avec les polonois, pour pouvoir travailler à leur constitution, comment feront nos trois légiflateurs ? Les diffemblances entre le climat, la nature & les hommes de France & des Antilles, ne font-elles pas plus grandes que celles qui exiftent entre la France & la Pologne.

La divifion territoriale de la France a été faite & peut l'être encore, en raifon combinée des furfaces, de la population & de la richeffe du fol. Le périmètre de chacun de ces départemens, eft compofé de lignes mathématiques, qu'on peut étendre ou refferrer en raifon de la furface dont on veut compofer tel ou tel département, en retranchant des furfaces de tel ou tel autre département voifin.

Les colonies, au contraire, ont un périmètre donné par la nature, & marqué par l'Océan. Les combinaifons politiques n'y font-elles pas fubordonnées à ces limites ?

Si la population de chacun des départemens de la France eft plus ou moins nombreufe, en raifon de leur pofition ou de la richeffe du fol, elle eft, au moins, par-tout, à peu-près ce quelle peut-être dans l'état actuel des chofes.

Les colonies préfent-elles de pareils réfultats ? La population y eft-elle fubordonnée à quelqu'une de ces combinaifons ?

Suppofons

Suppofons qu'on veuille faire à Saint-Domingue, l'application des adminiftrations départementales de la France: comment organifera-t-on cette colonie? Si du tout on forme un feul département, quelle diftance ne met-on pas entre les adminiftrateurs & les adminiftrés; entre les jufticiables & les tribunaux? Ces diftances ne peuvent-elles pas avoir les fuites les plus fâcheufes, fur-tout quand on confidère que les communications font infiniment difficiles, foit parce que la population n'eft pas affez nombreufe pour faire des chemins, foit parce que des pluies périodiques, trop abondantes, dégradent fréquemment ceux qui font déjà faits?

Formera-t-on à Saint-Domingue plufieurs départemens? Ces départemens auront-ils, à Saint-Domingue même, un régulateur commun, ou comme les autres départemens de France, correfpondront-ils directement avec le régulateur fuprême (le gouvernement de France?)

S'ils n'ont pas de régulateur commun, à Saint-Domingue même, comment établira-t-on une marche régulière & uniforme dans chacune de ces adminiftrations?

Que les adminiftrations départementales de la France marchent entr'elles d'un pas égal,

F

rien n'eſt plus naturel : leur correſpondance journalière avec le régulateur ſuprême, leur donne une attitude uniforme. Mais ces relations, ces rapports peuvent-ils exiſter entre Saint-Domingue & la France? Si ces relations ne peuvent exiſter, quels feront les moyens ſupplémentaires? Quelles feront leur nature & leur compoſition?

Les mêmes inconvéniens & peut-être de plus nombreux encore ſe retrouvent dans chaque colonie. Ici les ſurfaces font grandes, là elles font extrêmement petites; mille autres circonſtances indépendantes de l'étendue, néceſſitent des combinaiſons nouvelles.

Malgré les difficultés que préſente le mode de gouvernement des colonies, il eſt peut-être plus difficile, encore, de combiner les élémens, dont ce gouvernement doit être compoſé.

La population de la France préſente un tout homogène, compoſé d'individus qui tous ont les mêmes beſoins, les mêmes facultés, les mêmes mœurs, les mêmes intérêts. Si l'homme de la Flandre diffère de celui des Pyrénées, ces différences ſe nuancent avec une telle gradation, qu'elles font preſqu'inſenſibles, quoique les extrêmes préſentent des caractères diſparates.

Mais la population des colonies ne se compose-t-elle pas, au contraire, d'élémens absolument différens ? Les individus, quoique formant une longue chaîne du blanc au noir, n'y diffèrent-ils pas encore moins par leur couleur, par leurs formes, que par leurs mœurs & leurs facultés physiques & morales ? N'y trouve-t-on pas, pêle mêle, des anglais, des hollandais, des suisses, des italiens, des espagnols, des blancs d'Europe, des blancs créoles, des mulâtres de toutes les teintes, sept à huit cents mille nègres, extraits de deux ou trois cents hordes différentes, qui errent en Afrique, sur une surface d'un million de lieues carrées ? Ces nègres n'ont-ils pas, par chaque horde, leurs mœurs, leurs habitudes, leur langage ? La haine que ces hordes se portent, n'est-elle pas en raison de leur voisinage : parce que ce voisinage suppose plus de rixes particulières entre les individus, plus de guerres entre les peuplades ? Les nègres transplantés dans les Antilles, ont-ils modifié leurs mœurs, leurs haines, leurs langages ? Leur distribution dans les Antilles, permet-elle ces modifications ? Dans un pays où l'homme satisfait à tous ses besoins sans travail; dans un pays où la nature produit spontanément tout ce qui suffit à l'existence de l'homme, est-il possible de composer une grande société de toutes ces hordes particulières ?

La France a senti qu'il seroit dangereux de donner à un étranger le droit de cité, avant d'avoir un garant de sa fidélité. Cependant, cet étranger vient se fondre dans une masse de vingt-cinq millions d'hommes éclairés, & déterminés par un grand intérêt commun; si la France a senti ce danger quant à elle, peut-elle sans inconvénient appeller au gouvernement des colonies, des étrangers, des hommes sauvages, féroces, antropophages, qui n'entendent pas sa langue, qui n'ont aucunes de ses mœurs, aucunes de ses habitudes ? Quel garant a-t-elle de leur fidélité, dans un pays placé à deux mille lieues de son centre d'activité ?

Dans l'organisation & la composition du gouvernement des colonies, la France doit avoir un but unique: celui de s'attacher inviolablement ces contrées. Elle y réussira en portant le bonheur parmi leurs habitans, en ne donnant le droit de cité & l'exercice du gouvernement, qu'à ceux de ces habitans dont les caractères, les mœurs, le langage, les affinités, les affections indiquent des intentions & des intérêts identiques aux siens. Peut-elle concilier cet intérêt avec le droit de cité qu'elle accorde à des hommes abfolument étrangers à fon langage, fes goûts, fes mœurs, fes befoins, fes affections, &c.? Sur quel fondement affeoiroit-elle fes efpérances ? Seroit-ce fur des moyens d'éducation? Seroit-ce fur des moyens de répreffion ?

Ces moyens d'éducation & de répreffion doivent-ils être ordonnés par ceux des habitans des colonies que l'intérêt, l'éducation, rapprochent plus particulièrement de la France ? Doivent-ils être l'ouvrage des commiffaires délégués dans les colonies ? Doivent-ils être l'ouvrage de la convention elle-même ? L'intérêt des colonies, l'intérêt de la France & les principes que profeffe la convention nationale, peuvent-ils permettre à cette même convention d'inftituer & d'organifer ces moyens de répreffion ?

Ces moyens d'éducation & de répreffion doivent-ils être placés dans les mains de ceux des habitans des colonies que l'éducation, les mœurs & l'intérêt rapprochent plus particulièrement de la France ? Peut-on fans danger les placer également dans les mains de tous les citoyens, qu'ils foient nés en Europe, en Amérique ou en Afrique ? Peut-on fans inconvénient donner à chacun de ces habitans une action égale dans l'adminiftration de ces moyens ? Si la partie de la population à réprimer eft la plus nombreufe (elle conftitue les neuf dixièmes de la maffe), quelle garantie donnera-t-on au refte de la fociété, fi les moyens de répreffion & d'éducation fe trouvent dans les mains de ceux des agens auxquels ils doivent être appliqués ? Comment faire pour qu'ils ne fe trouvent pas dans leurs mains fans bleffer le gouvernement repréfentatif ?

Si malgré toutes ces confidérations on perfifte à organifer les colonies fur le même plan & d'après les mêmes principes, qui conftituent l'organifation des départemens de la France; fi les colonies font régies & adminiftrées par les mêmes loix que les départemens de la France, les rapports commerciaux des départemens du continent avec ceux des colonies doivent-ils être les mêmes que ceux des départemens du continent entr'eux ? Les rapports commerciaux de chacun des départemens des colonies doivent-ils être avec les nations étrangères ce que font avec ces mêmes nations les rapports commerciaux des départemens du continent ? S'ils ne font pas les mêmes, il y a injuftice & oppreffion : parce que fi les départemens des colonies font foumis aux mêmes loix que ceux de France, ils doivent profiter des mêmes avantages & jouir des mêmes droits. S'ils font les mêmes, les colonies, loin d'être profitables, deviendront onéreufes à la France. En effet, comment les colonies font-elles profitables à la France ? Par le monopole du commerce que tous les départemens de la France font directement avec elle. Mais le monopole doit ceffer avec la loi qui affimilera les colonies aux autres départemens : car la France n'auroit pas plus le droit d'affujettir fes colonies à ne vendre leur fucre, leur café, &c. qu'aux navires fortis des départemens de la Gironde, de la Loire & du Var, qu'elle n'auroit le droit de forcer les bordelois de ne vendre leur vin qu'aux départemens des colonies. Si les fuédois, les anglais ont le droit de venir dans les ports de France acheter nos vins, nos huiles, nos toiles, &c., pourquoi ne viendroient-ils pas dans les ports de nos colonies acheter nos fucres, notre café, notre coton, notre indigo, notre cochenille, &c. Eft-il poffible de foumettre les colonies à la légiflation de la France, fans les faire jouir des mêmes droits dont jouiffent les départemens de la France? Pour vendre fes vins à l'Angleterre, la Gironde n'a pas befoin de l'entremife de la ville de Marfeille; & le département du Var, pour vendre fes huiles aux peuples de la Baltique, n'a pas befoin de l'intermédiaire de la ville de Nantes. De quel droit voudroit-on placer entre les départemens des colonies & les nations étrangères le commerce des départemens maritimes de la France ? Il n'y a pas de milieu : ou le régime des départemens & la législation de la France ne peuvent être appliqués aux colonies, ou les colonies doivent jouir des mêmes droits dont jouiroient les département de la France. Quel moyen peut-on nous préfenter qui concilie & l'application de la conftitution & de la légiflation de la France aux colonies, & l'intérêt du commerce national ?

Si la convention nationale fe pénètre, au contraire, de cette importante vérité ; que par l'application d'un pareil fyftême elle étouffe à jamais tous les germes de profpérité commerciale qu'elle auroit dû conferver & développer, fous quels rapports confidérera-t-elle fes colonies ? Ne doit-elle pas les voir fous les rapports de fon commerce, plutôt que fous ceux de fa domination ? Ne doit-elle pas voir que les colonies font pour elle ce qu'eft une grande manufacture pour un riche fpéculateur, qui, fans s'occuper des détails de l'adminiftration, veille feulement, par lui ou fes agens, à ce que le produit de ses atteliers soit détourné, le moins possible, au profit d'un spéculateur étranger ?

Si la France laissoit les colonies organiser leur administration, leur gouvernement, dans quel temps, dans quel mode, par quels moyens, comment les habitans des colonies procéderoient-ils à cette organisation ? quels seroient les élémens, quelle seroit la composition du corps organisateur ?

Pour empêcher toute mesure qui tendroit de la part des colons à rompre ou étendre le cercle de droits dans lequel ils seroient renfermés, la France placeroit-elle dans chaque colonie une autorité, qui, étrangère à l'administration & au gouvernement de l'intérieur, surveilleroit l'exécution des loix commerciales de la France dans ses rapports avec les colonies ? Quelle seroit la composition de cette autorité ? Quels seroient le mode & l'étendue de son action ? Comment déterminer ses pouvoirs de manière qu'elle surveillât & conservât les intérêts de la France sans blesser les droits des colonies ?

Dans ses rapports avec les colonies, la France doit considérer l'état de paix & l'état de guerre. Quelle sera son action sur ces contrées dans l'état de guerre ? Les colonies doirent-elles entretenir une force armée nécessaire au maintien de l'ordre dans l'intérieur de leur périmètre ? Les troupes que la France enverroit les protéger contre l'ennemi du dehors doivent-elles être aux frais des colonies ? Les armées navales qui y seroient envoyées doivent-elles être pareillement aux frais des colonies, ou plutôt la France doit-elle les tenir à sa charge, en indemnité du monopole commercial qu'elle exerceroit ? Le gouvernement & les administrations de ces colonies pourroient-ils exercer sur ces armées une action quelconque ? Quelle pourroit être cette action ? Comment doit-elle être combinée, afin que les colonies & les colons ne puissent être comprimés par les agens de la France, & encore afin que les colonies ne puissent tourner ces mêmes troupes à leur profit & en sens inverse des intérêts de la France ?

Si, en indemnité de sa protection, la France exerce sur les colonies des priviléges commerciaux, de quelle nature seront ces priviléges ? Quelle sera leur étendue ? Ces priviléges porteront-ils également sur les denrées de nécessité première & sur les denrées & autres marchandises de luxe ? Porteront-ils également sur les denrées du cru d'un sol & des manufactures étrangères à la France, ou seulement sur celles du cru du sol & des manufactures de la France ?

Les colonies entretiendront-elles des relations commerciales avec les nations étrangères ? Quelle sera la mesure de ses relations ? Quel en sera le mode ? Quelle sera la nature des importations & des exportations, afin de servir les besoins des colonies, sans nuire au commerce de France ? Les colonies payeront-elles le commerce étranger en denrées coloniales ? Etablira-t-on sur ces denrées une prime, afin de conserver au commerce de France une concurrence utile à ses intérêts, dans les marchés de l'Europe ? Au profit de qui cette prime sera-t-elle appliquée ?

Qui déterminera ces rapports commerciaux ? sera-ce la France ? Les déterminera-t-elle avec ou sans la concurrence des colonies ? Quelle sera l'action de chaque colonie dans la délibération de l'acte ? Quelle sera la représentation de chaque colonie auprès de la France ?

RÉFLEXIONS.

MAIS nous discutons ici comme si nous avions encore des colonies..... Elles sont sous la domination de l'Angleterre ou de l'Espagne ; & les Africains qui promènent le pavillon tricolor sur les ruines de la Guadeloupe & de quelques quartiers de Saint-Domingue, alors même qu'ils ne feroient pas dirigés par l'Angleterre, ne feront jamais à la France que ce que font leurs pareils de la côte d'Afrique & de Saint-Chriftophe. Ils ne feront jamais que ce que font ceux qui habitent la montagne bleue de la Jamaïque.

Les queftions élémentaires que j'ai pofées ne font cependant pas inutiles ; elles mettront la convention nationale en mefure de prendre des déterminations convenables, fi elle peut reconquérir ou fe faire reftituer ces contrées ; & cette conquête ne me paroît pas facile, quand je confidère qu'on ne peut jetter un pont fur l'Océan comme fur le Rhin, ni marcher fur la glace comme on l'a fait dans la Hollande. Je fuis loin de confidérer comme une conquête l'invafion de la Guadeloupe & de quelques quartiers de Saint-Domingue à la faveur de la révolte des Africains. Cette mefure, que les anciens faifeurs de la convention nationale ont confidéré comme un moyen de deftruction pour les colonies ennemies, doit produire néceffairement le même effet dans les nôtres.

Ces queftions, enfin, mettront la convention nationale en mefure de juger fi elle ne pourroit pas prendre à l'égard des colonies des déterminations utiles à fon commerce, fans s'occuper de moyens attroces de deftruction & de moyens de conquêtes inutiles autant qu'impuiffans. En effet, pourquoi compromettre le peu de forces navales qui nous reftent, dans la conquête d'un pays qui, alors même qu'il appartiendroit à la France, ne peut lui être profitable : puifque l'application de fes principes le rend inutile à fa profpérité, 1°. par la liberté ou plutôt par le brigandage des nègres ; 2°. par l'érection de ces contrées en départemens, qui, s'ils font régis par les mêmes loix que les autres départemens de la France, doivent jouir des mêmes immunités commerciales ; dès-lors plus d'intermédiaire entre les colonies & les nations étrangères, & les colonies ne laifferont à la France que les charges de la fouveraineté.

Il eft temps que la France efface, par un grand acte de juftice, toutes les erreurs politiques qu'elle a commife à l'égard des colonies ; il eft temps que fon gouvernement répare les calamités que fes devanciers & la fecte prétendue philantropique des amis des noirs ont fait pleuvoir fur les colonies & le commerce de France. Il eft temps, enfin, que cette fecte elle-même répare, par fon refpect pour le droit des peuples, les attentats qu'elle a fait commettre dans nos colonies, en y apoſ-tolant, mal-à-propos, le droit des hommes à des antropophages incapables de les entendre.

Le roi d'Eſpagne voit que ſon territoire ne peut-être garanti de l'invaſion : il ne peut mettre entre l'armée de France & ſa capitale que la famine : mais cette meſure pourroit jeter dans le ſyſtême français les peuples affamés ; & les ſeigneurs, qui, dans les provinces du midi bien plus encore que dans celles du nord, ont toujours vû à regret la maiſon de Bourbon ſur le trône d'Eſpagne, pourroient agir en ſens inverſe de ſes intérêts.

Mais ſi le roi d'Eſpagne doit craindre une nouvelle campagne, il ne ſe déguiſe pas combien il doit de ménagemens au cabinet de Saint-James, qui maître de la mer peut briſer dans les mains eſpagnoles le ſceptre des Indes occidentales. Il convient donc d'examiner quels ſont les intérêts du gouvernement d'Angleterre.

Pitt tient dans le pan de ſa robe & la paix & la guerre : ſon intérêt & celui de ſon pays lui commandent la paix. 1.° Parcequ'il a fait à la France tout le mal qu'il lui convenoit de lui faire. 2.° Parcequ'il a fait affluer en Angleterre toutes les richeſſes de la France & de la Hollande. 3.° Parcequ'il lui faut un débouché pour ces richesses & pour les produits de son sol, de ses colonies & de ses manufactures. 4°. Enfin ce n'est que par la paix qu'il peut jouir d'un commerce, dont il a étendu les élémens par la guerre actuelle, &c. &c.

Les considérations que je viens de présenter sont susceptibles d'un développement très-intéressant : mais il suffit de les avoir exposés, pour démontrer combien le ministre d'Angleterre a besoin pour son intérêt autant que pour celui de son pays, de ne pas hasarder une nouvelle campagne.

Cependant environné d'une armée navale formidable, s'il consulte le besoin de la paix, il n'oubliera pas que l'Angleterre voit avant tout son commerce : le commerce renferme toute sa diplomatie ; & ce commerce repose sur les colonies.

J'ai dit que l'Angleterre n'oseroit cumuler dans ses mains toutes les colonies françaises : mais le ministre qui en a fait la conquête, ne voudra pas les voir rentrer sous la domination de la France. Il saisira sans doute le terme moyen que présente l'indépendance de ces contrées ; & la justice, enfin, marchera d'accord avec la politique.

Mandataires du peuple, jetés autour de vous un regard attentif, & calculés la profondeur de l'abyme ouvert fous vos pas. Le temps n'est pas loin où le peuple français vous demandera un compte févère, de l'ufage que vous aurez fait des pouvoirs immenfes qu'il vous a confiés. Vos erreurs même vous feront imputées à crime, fi elles ont trop puiffamment bleffé fes intérêts.

La profpérité du peuple repofe fur le commerce ; le commerce repofe fur les colonies ; les africains font les inftrumens néceffaires de leur culture, & les africains n'ont aucunes des lumières des hommes d'Europe, parcequ'ils n'ont aucuns de leurs befoins. Le fol des Tropiques leur fournit fpontanément tout ce qui convient à leur exiftence ; ils ne travailleront qu'autant qu'ils y feront déterminés par d'autres confidérations que celles de l'intérêt. Laiffez à d'autres le foin de compofer les loix organiques de ces contrées. Lorfque vous admirez un triple rang de perles, fur un fein d'albâtre, vous ne vous informé pas fi les Hollandois qui les ont apportées de Ceylan, ont employé, pour les retirer du fein des flots, la main d'un nègre où celle d'un indien. Irez-vous brifer le chef-d'œuvre d'ivoire qu'on voit au cabinet des médailles de la bibliotêque nationale, parce que, dans les déferts d'Afrique, un efclave aura ramaffé la dent déléphant, dont il a été tiré ?

tiré ? Lorsque vous vêtissez une étoffe de lyon, demandez-vous quels sont les règlemens de police que l'artiste établit dans son attelier ? Traités de même vos colonies ; écartez le système de dissolution que des factieux ont imaginé, il répugne également à la politique & à l'humanité. Son application aux colonies ennemies seroit d'une atrocité révoltante, comment appellerons-nous l'application que vous en faites à nos propres colonies ? Vous voulez armer les nègres !.... Avez-vous donc oublié déjà que vous avez été forcés de désarmer le fauxbourg Saint-Antoine ! Vous voulez armer les nègres !... Avez-vous oublié qu'un mulâtre, leur frère, dirigeoit la révolte du premier prairial !... Ne voyez-vous pas la Vendée & les chouans !........ Vous qui sans cesse invoquez l'humanité, épargnez donc le sang de vos frères, dont vous n'avez cessé d'arroser la terre des Antilles par le ministère de vos agens, qui viennent jusqu'autour du siége de vos délibérations, insulter aux mânes de leurs victimes, à la ruine du commerce, à l'anéantissement de tous les moyens de prospérité publique. Ecartez, surtout leur système de destruction : les colons ne sont pas coupables de l'abandon que vous avez fait de leur pays ; ils n'ont cessé de vous invoquer alors même que vous les déchiriez par des calomnies abfurdes, par des décrets incohérens & vexatoires. Sonthonax & Polverel, leurs bourreaux, n'ont-ils pas verfé fur eux affez de calamités ? Les colons ne font-ils pas affez punis d'avoir affez refpecté la France dans leur perfonne, pour ne pas avoir lavé dans leur fang toutes les injures qu'ils en ont reçues ? Ne font-ils pas affez malheureux de les voir encore braver impunément la juftice nationale, à l'aide de la faction qu'ils ont fervie ? Faut-il que vous pratiquiez vous même leur fyftême de diffolution ? La faction qui les protége, auroit-elle pris cette mefure pour trouver leur impunité, dans l'adoption que vous auriez fait de leurs principes & de leurs moyens !

Repréfentans de la France, élevez-vous à des conceptions plus grandes, plus dignes de vous, plus dignes des principes que vous profeffez. Une révolution, telle que la nôtre, a dû néceffairement changer toutes les combinaifons de la diplomatie du monde ; les colonies ne peuvent plus être à l'Europe ce qu'elles furent autrefois : les révolutions dont la France & l'Amérique font le théâtre, depuis quainze ans, leur préparent une nouvelle exiftence politique. l'Angleterre, fur-tout, veut un grand changement dans ces contrées ; elle veut brifer la chaîne qui les affervit à certaines puiffances de l'Europe. Déjà elle domine les poffeffions hollandaifes ; le Portugal affervi à fes volontés, lui laiffe faire le commerce des fiennes ; & le Mexique, peut-être même toutes les poffeffions efpagnoles feront, avant dix ans, arrachées à la domination du cabinet de Madrid. Les colonies françaifes font affervies à l'Angleterre, à l'Efpagne, ou déchirées & dévaftées. Ce qui refte des élémens de leur profpérité paffée eft fubordonné à de grandes paffions, à des intérêts qui s'entrechoquent fans ceffe, & entraîné dans un fyftême d'anarchie & de diffolution, fuite inévitable d'une liberté intempeftive, accordée à des hommes, qui ne font pas encore affez mûris pour elle. Mais quelle que foit l'organifation de leur fyftême focial, elles feront emportées dans le mouvement révolutionnaire des grandes maffes, qui les environnent. Quelle que foit l'influence que le gouvernement de France donne actuellement aux mulâtres & aux nègres, les uns pafferont & les autres feront affervis. Ils ne font, ils n'ont jamais été & ne peuvent être que de ces inftrumens que les gouvernemens brifent à l'inftant même où ils ceffent d'être utiles, parce que dès lors ils deviennent dangéreux. Les nègres feront affervis, parce que l'intérêt de la France & son existence commerciale l'exigent. Ils seront asservis, parce que dans tous les pays possible, la minorité commande toujours à la majorité. Ils seront asservis, parce que nous sommes instruits, autant qu'ils sont ignorans. Ils seront asservis, parce qu'ils trouveront dans leur asservissement, une somme de jouissances qu'ils ont perdues. Ainsi que les paysans de la Vendée combattent pour le roi, leurs prêtres, leurs seigneurs & pour le rétablissement de la dîme & des droits féodeaux, de même les nègres combattront pour leur propre asservissement. Il importe peu qu'on les appelle *des esclaves* ou *des citoyens*, pourvu qu'ils n'endossent pas le panache tricolore, l'écharpe municipale ou le chaperon aux fleurs de lys. Il importe peu qu'on les appelle *des citoyens* ou *des esclaves*, pourvu qu'ils soient tenus de planter du sucre, du café aux temps & aux lieux indiqués par le propriétaire........ Ce qu'on a jusqu'à ce moment-ci appellé, mal-à-propos, un *esclave*, avoit-il d'autres devoirs à remplir? Ce mot *esclave* avoit-il chez nous l'acception qu'il a chez tous les peuples du monde? Exercions-nous sur l'esclave d'autre droit que celui d'une simple police de famille? Les nègres, enfin, seront asservis, parce qu'en fermant les portes du temple de la guerre, la France aura besoin de faire voyager, à Saint-Domingue, trente mille braves, dont la présence sera précieuse aux colonies, autant qu'elle pourroit être fâcheuse dans l'intérieur de la république. Si dans les premiers jours, ils traitent les nègres en frères, bientôt ils les traiteront en esclaves. Telle a été, telle sera long-temps encore l'attitude des européens & des nègres, dans leurs rapports mutuels. Mais les enthousiastes trouveront un moyen de consolation dans les résultats nécessaires de ce nouvel ordre de choses. En effet, si le gouvernement accroît la population blanche dans les colonies, le maître n'aura plus besoin de comprimer le ressort qui fixoit l'esclave dans la subordination & l'obéissance absolue. Si le gouvernement accroît la population blanche des colonies, le nègre se policera par sa fréquentation avec des hommes policés; il usera avec eux la rouille & les fers de l'esclavage; & dans un demi-siècle le soleil des Antilles n'éclairera plus que des hommes libres.

Quand aux mulâtres ils passeront, parce qu'ils n'ont jamais été, soit dans les mains de Blanchelande, soit dans celles de Sonthonax, que des instrumens de mort. Ils passeront, parce que livrés à toute leur brutalité, ils abuferont de leur pouvoir (1). Ils pafferont, parce que les anglais & les efpagnols en ont déjà maffacré, ou porté la plus grande partie aux mines du continent; & les colons, éclairés par une fatale expérience, ne croiferont plus leurs races avec une efpèce étrangère (les négreffes & femmes de couleur), dont les enfans n'ont paru fur la terre, que pour y marquer leur exiftence éphémère, par l'affaffinat, le meurtre de leurs pères, & la diffolution du fyftême focial. Les colons arrê-

---

(1) Dans leur lettre à leurs commettans, Dufay & fes dignes collègues, préfumant que dans tous les pays poffibles l'intérêt individuel eft fouvent mis à la place de l'intérêt public, ont fait entendre aux repréfentans du peuple, qu'ils vouloient jeter dans leurs intérêts, que les nègres & les mulâtres leur donneroient à Saint-Domingue un afyle affuré contre tous les événemens dont peut être fufceptible la révolution de la France. Ils leur ont fait confidérer les opérations défoiganifatrices appliquées aux colonies comme autant de fpéculations de fûreté & d'intérêt privé...... Dufay a trompé les hommes comme il trompe le gouvernement........ Et le traître demeure impuni ! Je préfume trop bien de la moralité & de l'intelligence de tous les repréfentans du peuple, pour croire qu'aucun d'eux ait pu être entraîné par une pareille intrigue......

teront ainſi la réprodnction de cette variété fanguinaire & féroce de l'animal appellé *homme*. Les femmes d'Europe, les femmes françaifes reprendront, fur les affections des colons, l'afcendant qu'elles auroient toujours dû poſſéder excluſivement; elles occuperont, auprès d'eux, la place à laquelle les appellent la nature & les bonnes mœurs; & la France elle-même trouvera, dans le nouvel ordre de chofes, un reſſort puiſſant, pour retenir à jamais les colonies dans fon fyftême. Qu'elle leur envoie des femmes, & toujours elle leur commandera par l'empire irréſiſtible de l'intérêt & du fentiment. La nature a tiré une ligne trop caractériſtique entre l'homme de France & l'homme d'Afrique, ou les bâtards de ces deux eſpèces, pour que la préférence que le gouvernement donne à ces *mulets* puiſſe fe prolonger au-delà de cet enthonſiafme éphémère & défaftreux, qui a marqué le paſſage du defpotifme à la liberté. Les gouvernemens, quand ils font bien adminiftrés, fe déterminent toujours par l'intérêt public; & quel garant les mulâtres donneront-ils à la France de leur attachement?.... Enfin, les mulâtres paſſeront, parce que le gouvernement de France, lui-même, dégagé de l'efprit de parti, de prévention, &c. & inſtruit par une défaſtreuſe expérience, ne verra plus en eux que des assassins, serviles instrumens du premier factieux, qui fait les mettre en mouvement.

Ici se présente une réflexion bien importante : c'est que le gouvernement alimente la démagogie dans les colonies, au moment même où il fait tous ses efforts pour la bannir de la France. Les mesures de sagesse & d'ordre qu'il adopte pour la France, seroient-elles donc moins le résultat de sa propre volonté que celui de l'opinion ? Ne devons nous attendre l'application de pareilles mesures aux colonies que de la force de l'opinion, que le peuple français, plus instruit, émettra sur ces contrées ?..... Non.... Le gouvernement ne peut avoir que des intentions pures ; mais il peut être trompé........

Quoiqu'il en soit, le ministre d'Angleterre s'achemine à grands pas vers l'indépendance de l'Amérique ; il peut l'effectuer à volonté puisqu'il règne sur la mer. Cette suprématie, l'Angleterre la conservera long-temps : puisqu'elle a eu l'adresse d'anéantir notre marine, sans nous livrer qu'un seul combat. Ainsi que pour détruire nos colonies, de même pour anéantir notre marine, elle n'a employé que l'ignorance, les préjugés, les passions du gouvernement de France & de ses agens.

Aujourd'hui notre marine est presque nulle....

Reste la marine espagnole ; mais l'Angleterre a eu l'adresse de ne faire jouer à l'Espagne dans la guerre actuelle, qu'un rôle secondaire. Elle a servi l'indolence & l'économie du gouvernement espagnol, en ne lui laissant armer que quelques vaisseaux, parce qu'elle a craint que le génie de la navigation se développât, encore une fois, chez ce peuple célèbre. Aujourd'hui l'Espagne est asservie à l'Angleterre, qui peut se placer, à volonté, entr'elle & ses possessions d'Asie & d'Amérique.

L'Angleterre a tellement combiné son système, qu'elle ne peut perdre la domination de la mer que par le bouleversement de son gouvernement. Tous les efforts de l'Europe se briseront devant elle, comme les vagues de la mer se brisent contre les rochers qui bordent ses côtes : l'Angleterre ne peut être vaincue que par elle-même. Mais pour qu'elle le soit, il faut que la France ait un gouvernement positif : parce qu'un gouvernement positif peut seul avoir un plan, un système ; & la convention nationale de France est si loin d'avoir un système, qu'il est peu de ses membres qui puissent même concevoir que les événemens de l'Europe, soient le résultat de quelque combinaison politique : ils ne voyent par-tout que des accidens, des affections, des passions. Des passions ! ! ! Eh, oui, sans doute, les passions ont été trop souvent le mobile des plus grands événemens; & ces passions ont pris souvent leur source dans l'ignorance & l'amour propre bien plus que dans la méchanceté. Mais si les opinions insensées, ou l'orgueil de quelques hommes inquiets, ont, par événement, bouleversé l'Europe, il n'est pas moins vrai que le ministre d'Angleterre a méthodiquement calculé ce bouleversement. A travers mille preuves résultantes des faits, des actes, il suffit d'invoquer le témoignage du petit fils de l'immortel Francklin, qui, dans le courant du mois d'avril dernier, vient de dénoncer au congrès les projets ambitieux de la maison d'Hanovre sur les Etats-unis. Il lui a dit alors ce que mes collégues & moi n'avons, depuis deux ans, cessé de dire & d'écrire au gouvernement de France. . . . .

Pour arrêter, pour renverser le plan, les projets ambitieux de l'Angleterre, la France n'a qu'un moyen; ce moyen repose sur des mesures purement politiques. Il faut que la France fasse par des moyens de justice, ce que l'Angleterre fait par des moyens attroces & homicides. Quels sont ces moyens? —

Depuis trois ans nous n'avons ceſſé d'indiquer au gouvernement tous ceux qui pouvoient convenir aux différentes circonſtances, dans leſquelles ſe trouvoient les colonies ; mais toujours l'ignorance, la prévention, la malveillance & l'intrigue nous ont écartés. Aujourd'hui, nous avons à conquérir & organiſer les colonies : les moyens de conquête ſont ſimples & faciles ; le gouvernement ſeul doit les connoître.

Quand aux moyens d'organiſation, ils doivent remplir deux indications principales ; premiérement, la France doit y trouver la certitude de commander aux colonies par le ſentiment & l'opinion ; elle ne pourra jamais, & tout au moins, ſeroit-il inutile de le faire par la force & la violence... Secondement, la France doit y trouver la certitude de faire le commerce de ces contrées.

La convention nationale remplira la première indication, en déclarant que nul habitant des colonies ne peut exercer les droits de citoyen, s'il n'eſt né français, fils de français, ou marié à une femme françaiſe. Elle remplira la ſeconde indication, en déclarant qu'elle ſtatuera définitivement ſur les rapports commerciaux de la France avec les colonies, concurremment avec leurs repréſentans *légalement élus*.

Tel est le cercle dans lequel la convention nationale doit se renfermer. Et pour consommer son ouvrage, elle doit, par une troisième disposition, déclarer qu'à chaque colonie appartient le régime, c'est-à-dire, sa législation & son administration intérieure.

Mandataires du peuple, l'impraticabilité du gouvernement que vous voudriez donner aux colonies & les circonstances vous commandent également d'adopter de nouvelles mesures. Vous devez moins considérer les colonies sous les rapports de votre domination, que sous ceux de votre commerce. Vous régnerez sur elles si vous savez vous faire aimer & rétablir la confiance des colons. Les persécutions qu'ils ont éprouvées ont comprimé, mais elles n'ont pas brisé le ressort qui les a toujours fixés vers vous ; ils oublieront tous leurs malheurs si vous faites luire pour eux le jour de la bienveillance & de la justice. N'oubliez pas que là où se trouve une association de français, là sont & seront toujours les goûts, les mœurs, les habitudes de la France. Sachez tirer parti de ce goût dominateur & vous aurez assez fait pour la prospérité du commerce de France. Tirez, sur-tout, entre les égorgeurs des colonies & leurs victimes, une ligne de démarcation nécessaire.

Méfiez-vous de ceux qui vous préfentent les colons, comme des hommes inquiets, irrafcibles & livrés à toutes les fureurs de la haine & de la vengeance. Vous avez applaudi aux nantais, lorfqu'ils réclamoient votre juftice contre leurs affaffins; cependant les nantais avoient fixé vos regards; vous aviez gémi fur leurs malheurs; vous aviez même jetté des fleurs fur la tombe de leurs concitoyens affaffinés. Les colons, mille fois plus malheureux, chaffés de leurs pays, ruinés, calomniés par leurs bourreaux, font encore, en ce moment, repouffés, calomniés jufques dans votre enceinte; & vous les blâmeriez de vouloir que la juftice tire enfin une ligne falutaire entr'eux & les brigands qui les perfécutent encore!....... Ils les méprifent affez pour leur pardonner leurs forfaits; mais cet acte de générofité ne peut être que la fuite de la manifeftation de leur innocence & de la criminalité de leurs bourreaux.

Le fyftême de déforganifation & de mort pèfe encore fur les colonies. Toujours elles ont été froiffées, parce que l'Angleterre les tient toujours dans fon horifon, pendant que la France ne les confidère que comme un objet fecondaire à fon fyftême. Cependant les mefures les plus défaftreufes leur ont été appliquées fous le règne de la tyrannie. C'eſt à la convention nationale qu'il appartient aujourd'hui de réparer tant de calamités.

Semblables à des voyageurs à peine échappés du naufrage, les négocians de France fixent encore, d'un œil d'étonnement, la mer qui briſa leur vaiſſeau ; ils contemplent avec ſtupeur le flot qui les jettât ſur le rivage. Si le ciel s'embellit, ils réuniront peu-à-peu les débris de leur naufrage ; mais ſi jamais ils haſardent un ſecond voyage, ce ne ſera que lorſqu'une mer tranquille leur promettra plus de ſuccès.

Plus malheureux encore, les colons égorgés ou chaſſés de leur pays, perſécutés, proſcrits en France par la convention elle-même ; proſcrits aux Etats-unis par les agens de la république, ont tout perdu, excepté le courage & l'eſpoir, les uns & les autres ſe tiennent par la main, & c'eſt ſur eux que repoſe la proſpérité de la France.

Déclarer qu'à chaque colonie appartient le droit de compoſer & organiſer ſon regime, ſon adminiſtration ou gouvernement interieur.

Déclarer que nul habitant des colonies, n'exercera les droits de citoyen français, s'il n'eſt né français, fils d'un français, ou marié à une femme françaiſe.

Envoyer aux colonies, pour la tranquillité de la France & l'epurement des mœurs des colonies, des femmes & hommes français.

Charger le comité de salut public de toutes les mesures d'exécution.

Tels sont les moyens qui peuvent rattacher les colonies au systême de la France.

Seconder l'insurrection d'Irlande, fomenter des troubles en Angleterre, & sur-tout en Ecose.

Offrir aux colonies anglaises protection, secours & parité de droits reconnus aux colonies françaises.

Faire sentir à l'Espagne combien sa coalition avec une puissance maîtresse de Gibraltar & de la Corse, est monstrueuse en politique.

Tels sont les moyens d'abattre ce colosse britannique, dont les membres épars, sur toute la surface du globe, veulent commander la Méditerrannée du haut de Gibraltar & de la Corse; l'Asie, du haut du Cap de Bonne-Espérance; l'Amérique, par le Canada & la Baye de Campêche. Tels sont les moyens de faire disparoître de l'horison un gouvernement qui veut dévaster les Antilles; révolutionner & placer sous sa main le Méxique & toutes les possessions espagnoles; bouleverser les Etats-unis, ou les jetter dans son systême.

Que la convention s'étudie à conserver, autant que l'Angleterre s'étudie à détruire; que la convention cesse de considérer les colonies, comme un accessoire de son système: mais bien comme une base essentielle de sa prospérité, & l'Angleterre ne bouleversera plus le monde.

Que les honnêtes gens se méfient, sur-tout de ceux qui ajournent toujours à la paix l'affaire des colonies, pour diriger leurs regards exclusivement sur le continent..... *Ceux-là sont des anglais.*

Qu'ils se méfient de ceux qui prétendent ne pas trouver de moyens suffisans pour rattacher les colonies à la France..... *Ceux-là sont encore des anglais......* Pour reconquérir les colonies & les ramener à leur premier état de splendeur, nous ne demandons au gouvernement de France, que des mesures politiques. Nous demandons aux colons de ne se souvenir de leurs malheurs & des injures reçues, que pour se convaincre de la nécessité de former un faisceau contre l'ennemi commun.

PAGE.

www.ingramcontent.com/pod-product-compliance
Lightning Source LLC
Chambersburg PA
CBHW070525100426
42743CB00010B/1958